Méthode de français

Merci!

Collège

1

A. Payet - I. Rubio - E. F. Ruiz

CLE
INTERNATIONAL

Illustrations : Santiago Lorenzo, Lucia Miranda, Esteban Ratti et Oscar Fernandez.
Cartes : Fernando San Martin

Direction éditoriale : Béatrice Rego
Édition : Sylvie Hano
Maquette intérieure : Emma Navarro
Mise en page : AMG
Couverture : Dagmar Stahringer
Enregistrements : Vincent Bund / Quali'Sons
Vidéo : BAZ

Mode d'emploi

L'ouverture

- Les objectifs de communication 
- Une activité d'ouverture
- Le projet

Les séances

- Une activité de découverte
- Des activités de consolidation
- Des activités de production
- Une activité de phonétique
- Le point de grammaire de la séance
- Le lexique de la séance

La civilisation

Le projet

Les pictogrammes

-  Activité de compréhension orale. Le numéro correspond à la piste sur le CD.
- Vidéo
- Activité à faire en binômes ou en petits groupes
- Chanson à retrouver sur Internet

▶ **Et aussi des pages d'entraînement au DELF A1, des pages de grammaire et de conjugaison, un lexique illustré et les transcriptions.**

Tableau des contenus

	Communication	Grammaire
Unité 1 **Bonjour du monde !** pages 6 à 12	• Reconnaître le français. • Écouter et prononcer les lettres de l'alphabet. • Comprendre les consignes du professeur. • Dire pourquoi j'apprends le français. • Repérer les pays francophones.	
Unité 2 **Comment ça va ?** pages 13 à 20	• Saluer, dire *bonjour* et *au revoir*. • Demander à quelqu'un comment il s'appelle. • Dire son nom et son prénom. • Demander *comment ça va ?* • Dire où j'habite.	• *C'est qui / C'est* + prénom / *Voici* + prénom. • Les pronoms toniques *moi* et *toi*. • Le verbe *s'appeler* (présent, singulier) ; *je m'appelle / Comment tu t'appelles ?* • Le verbe *être* (présent, singulier). • Le verbe *habiter* (présent, singulier) ; *j'habite à* + ville. • Le verbe *parler* (présent, singulier) ; *je parle* + langue.
Unité 3 **Photo de classe** pages 21 à 30	• Dire et écrire la date. • Souhaiter l'anniversaire. • Dire son âge. • Demander et donner la permission. • Nommer le matériel scolaire et les couleurs. • Compter de 0 à 59.	• Le pluriel du verbe *être* (présent). • Le verbe *avoir* au présent. • Les articles indéfinis : *un, une, des*. • Les articles définis : *le, la, l', les*. • *Qu'est-ce que c'est ? / C'est, ce sont...* • *Il y a...* • La permission : *Est-ce que* + verbe *pouvoir*.

Entraînement au DELF A1

	Communication	Grammaire
Unité 4 **C'est la fête !** pages 31 à 38	• Poser des questions : *qui, quand, comment, combien*. • Écrire une lettre à un(e) ami(e). • Exprimer un goût. • Exprimer un souhait : *je voudrais, j'aimerais*. • Faire des achats dans les magasins.	• *Qui ? Quand ? Comment ? Combien ?* • Les verbes *aimer, adorer, détester* au présent. • Le verbe *vouloir* au présent. • Le verbe *acheter* au présent. • Les prépositions de lieu : *devant, derrière, sous, sur*.
Unité 5 **Drôle de famille** pages 39 à 46	• Présenter sa famille. • Décrire ses amis. • Dire ce que j'aime, ce que je n'aime pas. • Parler du caractère. • Parler des animaux de compagnie.	• Les adjectifs possessifs (un seul possesseur). • Le féminin des adjectifs réguliers. • Le verbe *préférer* au présent. • La négation : *ne ... pas*. • Le pluriel des noms.
Unité 6 **C'est bon !** pages 47 à 56	• Lire et comprendre une recette et un menu. • Parler de ses repas. • Exprimer la quantité. • Nommer les lieux où l'on mange. • Compter de 60 à 100.	• Les articles partitifs : *du, de la, des*. • L'impératif des verbes en *–er*. • La quantité : *beaucoup de, peu de, trop de*. • Le verbe *manger* au présent. • *Il n'y a pas de...*

Entraînement au DELF A1

	Lexique	Phonétique	Civilisation	Projet : Correspondre à travers le monde
	• Des mots faciles • Les prénoms • L'alphabet • La politesse (*s'il te plaît, s'il vous plaît, merci*)	• L'accent tonique	• Découverte du monde francophone	
	• Les salutations • *Comment ça va ? / Comment vas-tu ?...* • Les nationalités	• Le son [ʒ]	• Paris, ville internationale	• J'ai un(e) correspondant(e)
	• Les jours de la semaine • Les mois de l'année • Le matériel scolaire • Les couleurs • Les nombres de 0 à 59	• Les sons [s] et [z]	• *Sur le chemin de l'école*, un film de Pascal Plisson	• Mes copains et mon collège

Entraînement au DELF A1

	Lexique	Phonétique	Civilisation	Projet : Correspondre à travers le monde
	• Les cadeaux • Les formules de politesse : *je voudrais, j'aimerais* • Les magasins • La fête	• Les sons [e], [ɛ] et [ə]	• Fêtes et traditions	• J'organise une grande tombola
	• Les membres de la famille • Les parties du corps • Les adjectifs de caractère • Les animaux	• Les sons [ɔ̃], [ɑ̃] et [ɛ̃]	• Une famille sénégalaise	• Mon arbre généalogique
	• Les aliments • Le repas et les ustensiles • Les nombres de 60 à 100 • Les lieux où mangent les ados : *la maison, le restaurant, le fast-food, la cantine.*	• Les sons [y] et [u]	• Cuisine et téléréalité	• Je suis un master chef junior

Entraînement au DELF A1

Annexes
• Grammaire et conjugaison
• Transcriptions
• Lexique illustré
• Cartes : La France, Le monde de la francophonie

Unité 1

Bonjour du monde !

J'apprends à :
- reconnaître le français
- écouter et prononcer les lettres de l'alphabet
- comprendre les consignes du professeur
- dire pourquoi j'apprends le français
- repérer les pays francophones

1 **1.** **Écoute. Tu reconnais quelles langues ?**

2. **Et toi, tu parles quelles langues ?**

))) **2** **1.** **Écoute et montre la bonne image.**

Des mots faciles

un avion	un croissant
un bus	un soda
un métro	un thé
un taxi	un cinéma
une baguette	une pharmacie
un café	

))) **3** **2.** **Écoute et dis le bon mot.**

3. **Associe les étiquettes et trouve les 5 mots. Écris les mots dans ton cahier.**

 mé   ca   da

ta   so   av   xi

ion   tro    fé

))) **4** — **Phonétique** —

L'accent tonique

En français, on prononce plus fort la dernière syllabe.

→ *un mé**tro***

Écoute et répète.

(((**5** **1.** Écoute l'alphabet. Quelles lettres sont identiques dans ta langue ?

Les prénoms de A à Z

A	B	C	D	E	F	G
Alexis	Baptiste	Clara	Damien	Emma	Florian	Gaëlle
H	**I**	**J**	**K**	**L**	**M**	**N**
Hugo	Inès	Jules	Kenza	Léa	Manon	Nathan
O	**P**	**Q**	**R**	**S**	**T**	**U**
Oscar	Pauline	Quentin	Robin	Sarah	Théo	Ulric
V	**W**	**X**	**Y**	**Z**		
Valentin	William	Xavier	Yasmine	Zoé		

🎼 **2.** Écoute sur Internet la chanson « Les derniers seront toujours les premiers » de Philippe Katerine et chante.

3. Retrouve les prénoms. Utilise l'encadré « Les prénoms ».

UHGO

NISÈ

NIOBR

4. Retrouve le prénom. Écris le prénom dans ton cahier.

🔄 **5.** Le jeu du pendu. Propose des lettres à ton/ta voisin(e) et trouve le prénom.

… A … M … … E

🔄 **6.** Forme une lettre avec tes mains. Ton/Ta voisin(e) devine la lettre.

6 **1.** Écoute et montre la bonne image.

7 **2.** Écoute et associe les phrases au professeur.

8 **3.** Regarde les images. Écoute et lis les phrases, puis montre la situation.

a. Théo et Pauline... Écrivez, s'il vous plaît !

b. Répondez à la question, s'il vous plaît !

c. Kenza, tu dors ??? Réveille-toi, s'il te plaît !

d. Léo, le téléphone portable en classe... Non !

La politesse

s'il te plaît
s'il vous plaît
merci

4. Mime une expression de cette page. Ton/Ta voisin(e) devine.

Séance 4 — Je parle en classe

Unité 1

1. Écoute et répète.

2. Écoute, observe et complète à l'oral.

a Je peux aller aux … ?

b Je ne … pas.
Vous pouvez répéter ?

c C'est à quelle …
du livre ?

d Ça s'écrit comment … ?

3. Écoute, qui parle : un professeur
ou un élève ?

4. Mets les dialogues dans l'ordre.

a. – C'est à la page 12.
– Merci.
– C'est à quelle page, s'il te plaît ?

b. – Oui, bien sûr.
– Vous pouvez répéter, s'il vous plaît ?
– Merci.

5. Jouez à deux les dialogues
de l'activité 4.

Septembre

1. **Lis, observe et réponds.**

Et toi, pourquoi tu apprends le français ?

Ils apprennent le français :
...pour voyager.

...pour avoir de nouveaux amis francophones.

...pour écouter de la musique et regarder des films en français.

...pour étudier ou habiter plus tard à l'étranger.

2. **Lis et réponds.**

Le français dans le monde

● 274 millions de personnes parlent français dans le monde.

● Le français est la langue officielle en Belgique (Wallonie), au Canada (Québec), en France métropolitaine et en outre-mer, en Haïti, au Luxembourg, à Monaco, en Suisse et dans de nombreux pays d'Afrique.

a. On parle français en ... . Donne le nom de 4 pays.

b. Montre sur la carte de la francophonie, page 71, les pays suivants : *France – Sénégal – Belgique – Suisse – Maroc.*

Civilisation

Découverte du monde francophone

Avec Maxime, Audrey, Lara, Moussa et Eva, découvre des personnalités francophones !

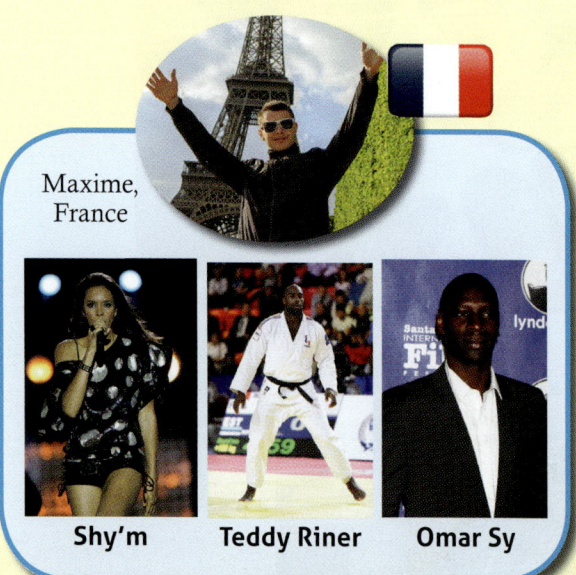

Maxime, France

Shy'm — **Teddy Riner** — **Omar Sy**

Audrey, Canada

Céline Dion — **Stéphane Rousseau** — **Eugénie Bouchard**

Rokia Traoré — **Inna Modja** — **Seydou Keita**

Moussa, Mali

Lara, Belgique

Stromae — **Tintin** — **Virginie Efira**

Eva, Suisse

Stan Wawrinka — **Gaspard Proust** — **Zep**

Cite 4 personnalités de ton pays.

Unité 2

Comment ça va ?

J'apprends à :

- saluer, dire *bonjour* et *au revoir*
- demander à quelqu'un comment il s'appelle
- dire son nom et son prénom
- demander *comment ça va ?*
- dire où j'habite

Projet :

- J'ai un(e) correspondant(e)

12 Écoute et montre la bonne situation.

1

2

3

4

5

(((**13** **1.** Écoute et montre Sandra, Kiara et Jade.

C'est / Voici

– **C'est** qui ?
– **C'est** Mathias ! / **Voici** Mathias !

2. Trouve qui c'est.
Demande à ton/ta voisin(e).

→ – C'est qui ?
– C'est Tintin. / Voici Tintin.

Dark Vador

Dracula

Mario Bros

Jack Sparrow

(((**14** **3.** Écoute et répète.
Attention à l'intonation !

4. Mets les lettres dans l'ordre.
Écris le dialogue dans ton cahier.

C'SET ALCAR !

C'TES UIQ ?

5. Jouez en groupes. Découvre qui a la balle.
Utilise « C'est » et « Voici ».

Non, c'est Alexis.

Non, c'est Lisa.

C'est Tom.

Qui a la balle ?

Oui, c'est moi ! Voici la balle.

15 **1.** Écoute et montre la bonne image.

a

b

c

Saluer

Pour saluer :
salut
bonjour
bonsoir

Pour dire au revoir :
salut
au revoir
bonsoir

2. Associe les mots aux images.
bonjour – bonsoir – salut

16 **3.** Écoute, imite l'intonation et mime.

Ça va !

Comment ça va ?
Comment vas-tu ?

Ça va mal ! 😞

Bof ! 😕

Ça va bien ! 🙂

Ça va super ! 😃

4. Dans ton cahier, complète les dialogues avec « moi » ou « toi ».

a. – Comment ça va Alex ?
– Ça va bien, merci. Et … ?
– … ? Bof.

b. – Éva, c'est … ?!
– Oui c'est … .
– Ouf !

Moi / toi

– C'est qui ?
– C'est **moi** !
– C'est **toi** !

5. Tu rencontres un(e) ami(e), un professeur, ton/ta sportif/ive préféré(e)… Jouez la scène à deux comme dans l'exemple.

→ – *Oh c'est, c'est… c'est Tsonga !*
– *Salut, ça va ?*
– *Heu… oui… heu…*
– *Ça va bien ???*
– *Oui, super et toi ?*
– *Très bien. Au revoir !*
– *Oui… salut !*

17 **1.** **Écoute et réponds : vrai ou faux ?**

    a. C'est une conversation au téléphone.

    b. Jules parle avec Emma.

    c. Marie et Jules sont amis.

┌ **Le verbe « s'appeler » au singulier** ┐

    Je m'appel**le**

    Tu t'appel**les**

    Il / Elle / On s'appel**le**

    → *Comment tu t'appelles ?*

2. **Ton/Ta voisin(e) épelle son nom.**
Écris son nom dans ton cahier.

Julia NAVARRO

3. **Complète les dialogues avec les phrases ci-dessous. Associe les phrases aux images.**

2 Je m'appelle Jessica et toi ?

1 _ _ _ _ _ _ / _ _ _ _ _ _

3 _ _ _ _ _ _ / _ _ _ _ _ _

2 Il s'appelle Gaffi.

1 _ _ _ _ _ _

3 _ _ _ _ _ _

4. **Interroge ton/ta voisin(e) comme dans l'exemple.**

    → – *Comment tu t'appelles ?*

    – *Je m'appelle Roxane.*

    a. Moi, je m'appelle Lucas.

    b. Bonjour, comment tu t'appelles ?

    c. Bonjour Gaffi... ça va bien !

    d. Salut ! Comment il s'appelle ?

5. **Mime un personnage. Les autres devinent le nom du personnage.**

    → *Il/Elle s'appelle...*

🔊 18 **1.** **Écoute le dialogue. Montre le bagage de Joy.**

🔊 19 **2.** **Écoute et lève la main quand tu entends une différence.**

🔄 **3.** **Ferme le livre et interroge ton/ta voisin(e), comme dans l'exemple.**

→ – *Le féminin d'américain, c'est...*
– *américaine !*

🔄 **4.** **Choisis une nationalité. Ton/Ta voisin(e) devine.**

→ – *Tu es espagnole ?*
– *Non.*
– *Tu es italienne ?*
– *Non.*
– *Tu es française ?*
– *Oui, je suis française !*

Le verbe « être » au singulier

Je **suis**
Tu **es**
Il / Elle / On **est**

Les nationalités

Il est franç**ais**.   Elle est franç**aise**.
Il est ital**ien**.   Elle est ital**ienne**.
Il est améric**ain**.   Elle est améric**aine**.
Il est espagn**ol**.   Elle est espagn**ole**.
Il est bel**ge**.   Elle est bel**ge**.

---

5. **Observe les images et réponds comme dans l'exemple.**

→ *C'est Jean Dujardin. Il est français.*

Jean Dujardin.

Jackie Chan

Roger Federer

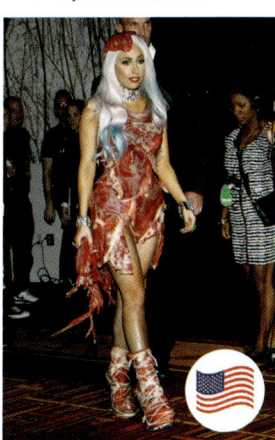

Lady Gaga

🔊 20 **Phonétique**

Le son [ʒ]

a. **Écoute et répète.**
Je m'appelle Julie Jacob, je suis bel**g**e.

b. **Recopie la phrase dans ton cahier et souligne les syllabes avec le son [ʒ].**

1. Lis le document « La vie des stars »
et réponds.

   a. Qui parle anglais ?
   b. Qui habite à Paris ?
   c. Qui habite à New York ?
   d. Selon toi, qui est français ?

Les verbes « habiter » et « parler »

Habiter	Parler
J'habit**e**	Je parl**e**
Tu habit**es**	Tu parl**es**
Il / Elle / On habit**e**	Il / Elle / On parl**e**

*j'habite + **à** + ville*   *je parle + langue*
J'habite à Paris.   *Je parle français.*

---

2. Recopie la grille. Place tes bateaux.
Découvre les bateaux de ton/ta voisin(e).
Trouve le verbe et la personne.

Marine

	habiter	parler	s'appeler
je			
tu	⛵		🚢
il		⛵	
elle			

> *Clément :*
> *Tu habites*
> *à Séville ?*
>
> *Marine :*
> *Oui, touché !*

Clément

	habiter	parler	s'appeler
je		⛵	
tu			⛵
il			
elle	⛵		

> *Marine :*
> *Elle parle*
> *anglais ?*
>
> *Clément :*
> *Non perdu !*

3. Où habite ta star préférée ?
Pose la question à ton/ta voisin(e).

  → *– Où habite Kev Adams ?*
      – Il habite à Paris.

La vie des stars !

1. Voici **Beyoncé** !
Elle habite à New York,
elle parle anglais et
français.

3. Il s'appelle **Kev
Adams**, il parle français,
espagnol et allemand.
Il habite à Paris.

2. Il s'appelle **Messi**.
Il habite à Barcelone.
Il parle espagnol,
catalan, français
et anglais.

4. Elle, c'est **Louane**.
Elle habite à
Hénin-Beaumont,
elle parle français
et anglais.

---

4. Devine qui tu es ! Pose des questions
à ton/ta voisin(e).

  → *– Je parle anglais ?*
     – Oui, tu parles anglais.
     – J'habite à Barcelone ?
     – Non, tu habites à New York.
     – Je suis américaine ?
     – Oui !
     – Je m'appelle Beyoncé ??!!
     – Oui !!!

Paris, ville internationale

Paris : destination numéro 1 des touristes dans le monde.
47 millions de visiteurs par an !

La parole aux jeunes Parisiens

Salut, je m'appelle Elsa, j'habite rue Lepic. C'est la rue du film *Le Fabuleux Destin d'Amélie Poulain*. C'est un quartier romantique de Paris !

Moi, je m'appelle Kader, j'habite boulevard Barbès. C'est la Goutte d'Or. Il y a beaucoup d'Africains.

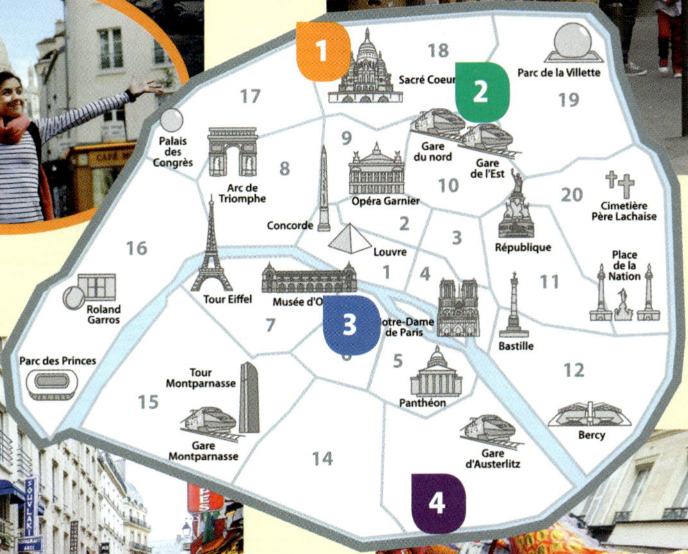

Salut, moi c'est Léo, j'habite boulevard Saint-Michel. C'est le quartier Latin. Il y a des restaurants grecs, espagnols, italiens, portugais. Hummm ! Miam miam !

Moi, je m'appelle Chen. J'habite avenue de Choisy, c'est le quartier chinois de Paris !

Carte de Paris avec arrondissements :
1 — Sacré Coeur
2 — Parc de la Villette
3
4
17
18
19
16
15
14
20
11
12
Palais des Congrès
Arc de Triomphe
Opéra Garnier
Gare du nord
Gare de l'Est
Concorde
Louvre
République
Place de la Nation
Cimetière Père Lachaise
Tour Eiffel
Musée d'Orsay
Notre-Dame de Paris
Bastille
Roland Garros
Parc des Princes
Tour Montparnasse
Gare Montparnasse
Panthéon
Gare d'Austerlitz
Bercy

1. Où habite Léo ?
2. Quelles nationalités trouve-t-on dans ta ville ?

Sommières

Bonjour,

Je m'appelle Léonard.
J'ai 12 ans. J'habite à
Sommières, en France.
Je suis français.

Et toi, comment ça va ?
Comment tu t'appelles ?
Tu as quel âge ?

Tu habites où ?

Au revoir.

Léonard

❝ Écris une lettre à ton/ta correspondant(e) pour te présenter.
– Indique ton prénom, ton âge, le nom de ta ville, ta nationalité.
– Demande à ton/ta correspondant(e) son nom, son âge, sa ville...

❝ Ajoute ta photo, une carte de ton pays, une photo de ta ville...

Unité  3

Photo de classe

J'apprends à :
- dire et écrire la date
- souhaiter l'anniversaire
- dire son âge
- demander et donner la permission
- nommer le matériel scolaire et les couleurs
- compter de 0 à 59

Projet :
- Mes copains et mon collège

21 Écoute et montre la bonne image.

a

b

c

d

e

(22) 1. Écoute et réponds.

a. La fête de Quentin, c'est :
– le 31 octobre
– le 14 février
– le 21 juin

b. Le 14 juillet, c'est quelle fête en France ?

Le calendrier

Les jours de la semaine	Les mois	
lundi	janvier	juillet
mardi	février	août
mercredi	mars	septembre
jeudi	avril	octobre
vendredi	mai	novembre
samedi	juin	décembre
dimanche		

2. Quel jour de la semaine tu préfères ? Demande à ton/ta voisin(e).

→ – *Quel jour tu préfères ?*
   – *Le mercredi.*

Le verbe « être » au pluriel

Nous **sommes**
Vous **êtes**
Ils / Elles **sont**

3. Compte les élèves de ta classe et réponds.

Vous êtes combien dans la classe ?
Combien de garçons ? Et combien de filles ?

→ *Nous sommes 32. Les garçons ... et les filles ...*

Les nombres de 0 à 59

0 : zéro	11 : onze	...
1 : un	12 : douze	29 : vingt-neuf
2 : deux	13 : treize	30 : trente
3 : trois	14 : quatorze	31 : trente **et** un
4 : quatre	15 : quinze	32 : trente-deux
5 : cinq	16 : seize	40 : quarante
6 : six	17 : dix-sept	41 : quarante **et** un
7 : sept	18 : dix-huit	42 : quarante-deux
8 : huit	19 : dix-neuf	50 : cinquante
9 : neuf	20 : vingt	51 : cinquante **et** un
10 : dix	21 : vingt **et** un	59 : cinquante-neuf

(23) 4. Écoute et compte dans les silences.

5. Regarde le calendrier et trouve la bonne date. Écris dans ton cahier la date de la fête de...

a. Emma
b. Norbert
c. Jules
d. Clotilde
e. Sophie
f. Augustin

AVRIL			MAI				JUIN		
1	V	Hugues	1	D	Fête du travail		1	M	Justin
2	S	Sandrine	2	L	Boris	18	2	J	Blandine
3	D	Richard	3	M	Philippe, Jacques		3	V	Kévin
4	L	Isidore	14	4	M	Sylvain	4	S	Clotilde
5	M	Irène	5	J	Ascension		5	D	Igor
6	M	Marcellin	6	V	Prudence		6	L	Norbert	23
7	J	J-Baptiste	7	S	Gisèle		7	M	Gilbert
8	V	Julie	8	D	Victoire 1945		8	M	Médard
9	S	Gauthier	9	L	Pacôme	19	9	J	Diane
10	D	Fulbert	10	M	Solange		10	V	Landry
11	L	Stanislas	15	11	M	Estelle	11	S	Barnabé
12	M	Jules	12	J	Achille		12	D	Guy
13	M	Ida	13	V	Rolande		13	L	Antoine de P.	24
14	J	Maxime	14	S	Matthias		14	M	Elisée
15	V	Paterne	15	D	Pentecôte		15	M	Germaine
16	S	Benoît-Joseph	16	L	Lundi de Pentecôte		16	J	Aurélien
17	D	Anicet	17	M	Pascal	20	17	V	Hervé
18	L	Parfait	16	18	M	Eric	18	S	Léonce
19	M	Emma	19	J	Yves		19	D	Fête des Pères
20	M	Odette	20	V	Bernardin		20	L	Silvère	25
21	J	Anselme	21	S	Constantin		21	M	Rodolphe
22	V	Alexandre	22	D	Emile		22	M	Alban
23	S	Georges	23	L	Didier	21	23	J	Audrey
24	D	Fidèle	24	M	Donatien		24	V	Jean-Baptiste
25	L	Marc	17	25	M	Sophie	25	S	Prosper
26	M	Alida	26	J	Bérenger		26	D	Anthelme
27	M	Zita	27	V	Augustin		27	L	Fernand	26
28	J	Jour du Souv.	28	S	Germain		28	M	Irénée
29	V	Cath. de Si.	29	D	Fête des Mères		29	M	Pierre, Paul
30	S	Robert	30	L	Ferdinand	22	30	J	Martial
			31	M	Visitation				

(((24))) **1.** **Écoute et associe avec la bonne illustration.**

2. **Compare ton âge avec ton/ta voisin(e) comme dans l'exemple.**

→ – Tu as quel âge ?
– J'ai 12 ans et toi ?
– J'ai 13 ans.

Le verbe « avoir »

J'**ai**   Nous_av**ons**
Tu **as**   Vous_av**ez**
Il / Elle / On _**a**   Ils_ont / Elles_**ont**

3. **Associe les phrases ci-contre aux images.**

a. Bonjour, je m'appelle Julien. J'ai trente-trois ans.

b. Nous sommes Enzo et Théo, nous avons treize ans.

c. Elle s'appelle Clara, elle a trois ans.

d. Elles s'appellent Magali et Sophie, elles ont dix-huit ans.

4. **En groupes, faites le calendrier des anniversaires de la classe. Interroge tes voisin(e)s.**

→ – C'est quand ton anniversaire, Enzo ?
– C'est le 12 avril.
– Et toi Léa ?
– C'est le 29 mai.

(((25))) ── **Phonétique** ──

Les sons [s] et [z]

[s] = **S**alut comment **ç**a va ?

[z] = Bien ! En**z**o et moi nou**s**_**a**vons trei**z**e_**a**ns aujourd'hui.

Écoute et dis, pour chaque phrase, combien de fois tu entends le son [s] et le son [z].

 5. **Écoute sur Internet la chanson de l'anniversaire et chante.**

26 **1.** **Écoute et réponds.**

Les articles indéfinis

Masculin	Féminin	Pluriel
un	**une**	**des**
un cadeau	une tablette	des cadeaux / des tablettes

27 **2.** **Écoute. Tu entends le nom d'un objet : tu poses l'objet sur ta table.**

3. **Cache des objets dans ta trousse. Ton/Ta voisin(e) devine. Utilise l'encadré « Le matériel scolaire ».**

→ – C'est une gomme.
– Ce sont des stylos.

Qu'est-ce que c'est ?

C'est + nom singulier	**Ce sont** + nom pluriel
C'est un livre.	Ce sont des ciseaux.

a. Quel est le cadeau de Léa ?
– une tablette
– un jeu vidéo
– un logiciel de maths
b. Léa est contente du cadeau ?

4. **Fais la liste de ton matériel scolaire.**

Le matériel scolaire

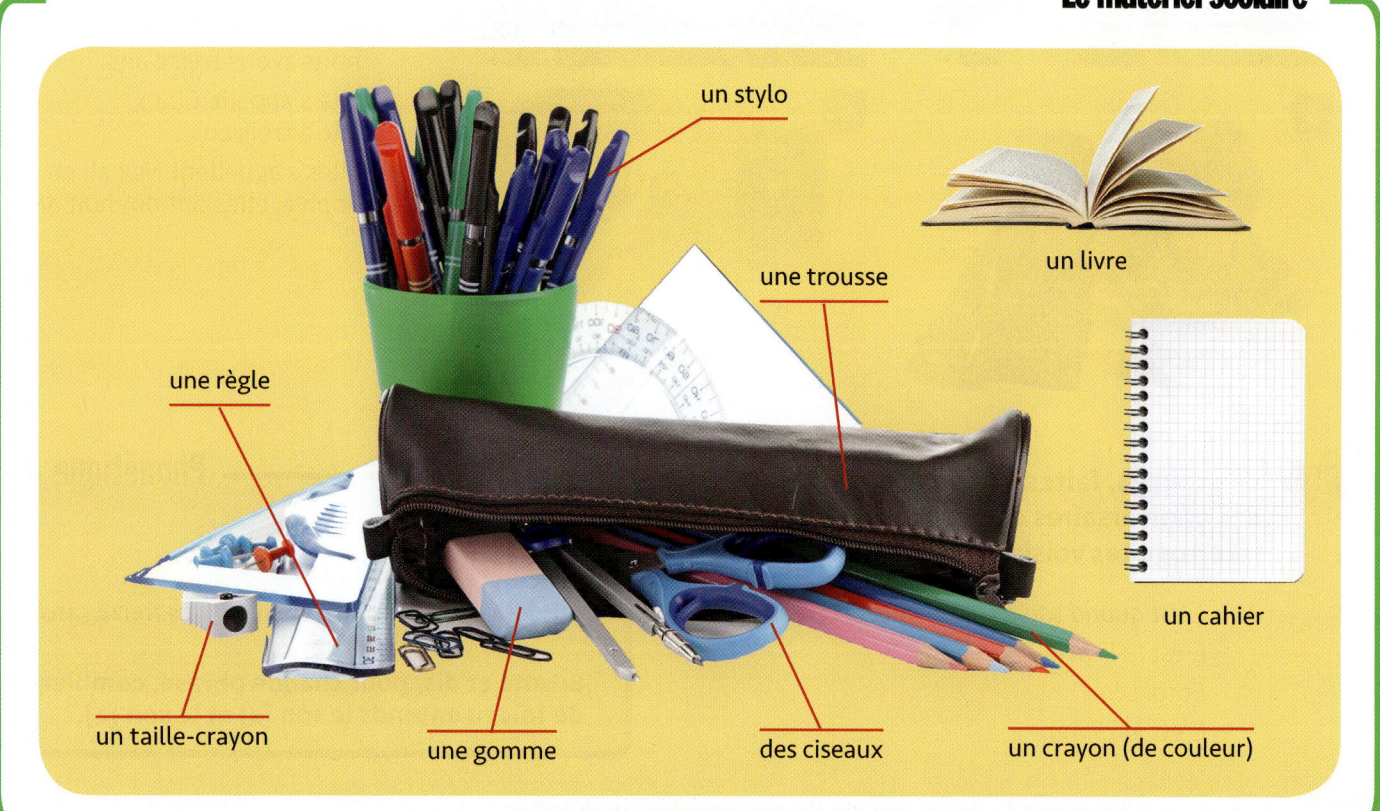

un stylo
une trousse
un livre
une règle
un taille-crayon
une gomme
des ciseaux
un crayon (de couleur)
un cahier

28 **1. Écoute, observe et réponds.**

a. À qui sont le stylo violet et les ciseaux verts ?

b. Nomme les objets et dis leur couleur.

→ *La règle blanche, le stylo violet…*

Les couleurs

rouge		orange	
vert		marron	
bleu		gris	
jaune		noir	
violet		blanc	

2. Fais deviner une couleur.

→ – Le tableau ?   – Le logo de Facebook ?
– Blanc !   – Bleu !
– Oui, à toi.   – Oui !!!

3. Observe le graffiti dans la cour du collège. Montre et nomme les couleurs.

Les articles définis

Masculin	Féminin	Pluriel
le / l'	**la / l'**	**les**
le tableau	*la gomme*	*les crayons*
l'élève	*l'enseignante*	*les élèves*

4. Complète avec un article défini.

a. C'est une classe. C'est … classe de français.

b. Ce sont des ciseaux. Ce sont … ciseaux d'Emma.

c. Qu'est-ce que c'est ? C'est … sac de Tom.

d. Dans … sac, il y a …. feutres de …. élève.

« Il y a »

Il y a un livre sur la table.
Il y a des stylos sur la table.

5. Observe la photo. Ferme les yeux et cite un maximum d'objets. Donne la couleur des objets. Jouez par équipe.

→ *Il y a un livre rouge, un taille-crayon bleu…*

1. Observe et associe les phrases ci-contre aux personnages du dessin.

a. Est-ce que je peux aller aux toilettes, s'il vous plaît ?

b. Est-ce que je peux entrer, s'il vous plaît ?

c. Est-ce que je peux aller au tableau, madame ?

d. Est-ce que je peux jeter un papier à la poubelle, s'il vous plaît ?

La permission

Demander la permission
Est-ce que + verbe **pouvoir** + verbe à l'infinitif
Est-ce que je peux entrer ? = Je peux entrer ?

Donner la permission
Oui, c'est autorisé. / Oui, c'est possible.

Interdire
Non, c'est interdit.

2. Mets les phrases dans l'ordre et réponds.

 a. s'il vous plaît ?/ peux / téléphoner / je / Est-ce que

 **b.** peux / en / dormir / Je / classe ?

(((29))) 3. Lis le règlement. Écoute et réponds aux questions de Thomas comme dans l'exemple.

→ – *Est-ce que je peux crier dans la classe ?*
– *Non, crier dans la classe est interdit.*

Règlement du collège Jules-Ferry de Port-au-Prince

Article 1 ~ Fumer dans le collège est interdit.

Article 2 ~ Le téléphone portable est interdit en classe.

Article 3 ~ L'accès à Internet est autorisé dans le collège.

Article 4 ~ Crier dans la classe est interdit.

Article 5 ~ L'uniforme est obligatoire.

4. Qu'est-ce qui est autorisé dans ton collège ? Qu'est-ce qui est interdit dans ton collège ?

→ *Courir dans la cour de récréation, c'est autorisé. Courir dans la classe, c'est interdit.*

5. Observe l'image et écris le dialogue dans ton cahier.

6. En petits groupes, inventez un règlement de collège idéal ! Posez-vous des questions.

→ – *Est-ce qu'il est possible de manger en classe ?*
– *Oui, bien sûr !*

Sur le chemin de l'école

Dans le film *Sur le chemin de l'école* (2013), Pascal Plisson raconte les aventures vraies de quatre enfants pour arriver à leur école.

BARTHÉLÉMY FOUGEA
présente

Sur le
Chemin de l'école

Un film de PASCAL PLISSON

Samuel a 13 ans, il vit en Inde. Chaque jour, il doit faire 4 kilomètres pour aller à l'école, mais c'est très difficile car il ne peut pas marcher. Ses deux jeunes frères poussent pendant plus d'une heure son fauteuil roulant jusqu'à l'école.

Jackson a 11 ans, il habite au Kenya. Il marche 15 kilomètres avec sa petite sœur au milieu de la savane et des animaux sauvages.

Zahira a 12 ans, elle habite dans les montagnes de l'Atlas marocain. Elle marche toute la journée pour arriver au collège avec ses deux amies.

Carlos a 11 ans, il habite en Argentine. Avec sa petite sœur, ils traversent 18 kilomètres à cheval pour aller à l'école.

1. Ma maison est à … kilomètre(s) de l'école.
2. Je vais à l'école en … minutes.
3. Observe l'affiche du film et nomme les enfants.

Entraînement au DELF A1

((30)) 1. Lis les questions. Écoute l'enregistrement puis réponds.

1. Qui vous appelez ? Choisis la bonne image.

2. Quel jour ils sont ouverts ?
a. lundi   **b.** mercredi   **c.** vendredi

3. Combien de jours ils sont ouverts dans la semaine ?

4. Quel mois le centre est-il fermé ?
a. septembre   **b.** novembre   **c.** décembre

5. Complète le numéro de téléphone des animateurs.
02 ... 24 ... 13

((31)) 2. Tu vas entendre 5 petits dialogues correspondant à 5 situations différentes. Associe chaque dialogue à une image.

Attention, il y a 6 images, mais seulement 5 dialogues !

Compréhension écrite

Lis le message de Louna. Réponds aux questions.

> Salut,
>
> Je m'appelle Louna, je suis ta correspondante.
> J'ai 13 ans, mon anniversaire, c'est le
> 12 novembre.
> Je suis marocaine, j'habite à Genève,
> 16, rue de la Dôle. Je parle français,
> arabe et italien. Et toi ? Tu parles quelles
> langues ?
> Genève, c'est international,
> il y a des Européens, des Africains,
> des Asiatiques, des Américains !
> Dans ta ville, c'est comment ?
> Bises.
> Louna

1. Louna a quel âge ?
a. 12 ans   **b.** 13 ans   **c.** 16 ans

2. Quelle est la date d'anniversaire de Louna ?

3. Louna est :
a. suisse.   **b.** française.   **c.** marocaine.

4. Louna habite :
a. à Paris.   **b.** à Genève.   **c.** à Casablanca.

5. Louna parle quelles langues ?

Production écrite

**Complète la fiche d'inscription
sur ton cahier.**

Fiche d'inscription
Séjours linguistiques Paris+

Nom : _____

Prénom : _____

Âge : _____

Ville : _____

Pays : _____

Nationalité : _____

Numéro de téléphone : _____

Langue(s) parlée(s) : _____

Nom du collège : _____

Production orale

▶ **Échange d'informations**

Tu poses des questions à l'aide des mots ci-dessous.

ville   prénom

jours de la semaine

langues   nationalité

matériel scolaire

▶ **Dialogue simulé**

**Tu demandes à ton professeur la permission
de sortir, de téléphoner, d'aller aux toilettes...
Il accepte ou il refuse. Jouez la scène.**

Mes copains et mon collège

J'ai deux copains et trois copines. Ils s'appellent :
Léo et Enzo, Léa, Luce et Marie.
Comment s'appellent tes copains et copines ?

C'est mon anniversaire le 5 mars.
Et toi, c'est quand ton anniversaire ?

Mon collège s'appelle Marie-Curie.
J'ai huit professeurs.
Mon professeur principal
s'appelle madame Jordano.

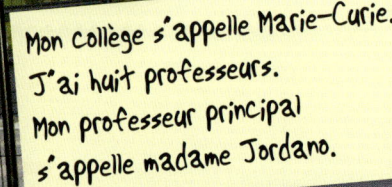
ENTREE PRINCIPALE COLLEGE

C'est la classe de français. Dans mon
groupe, il y a vingt-sept élèves : treize
filles et quatorze garçons.

C'est mon matériel scolaire.
Dans mon sac bleu, ma couleur
préférée, j'ai des cahiers,
des feutres, une trousse
bleue, des cahiers vert,
orange...

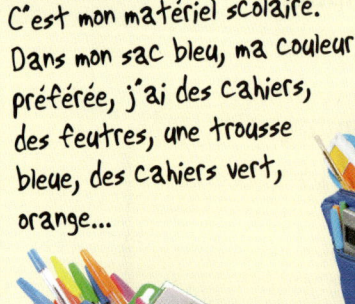

C'est le bus scolaire.
Ma maison est à sept kilomètres
de l'école.

- 👆 Présente ton collège, tes copains
  et tes copines, présente tes professeurs.
- 👆 Présente ton matériel.
- 👆 Ajoute des photos ou des illustrations.
- 👆 Fais une jolie présentation.

Unité 4

C'est la fête !

J'apprends à :

- poser des questions : *qui, quand, comment, combien*
- écrire une lettre à un(e) ami(e)
- exprimer un goût

- exprimer un souhait : *je voudrais, j'aimerais*
- faire des achats dans les magasins

Projet :

- J'organise une grande tombola

32 **Écoute et montre la bonne image.**

1

2

3

4

1. **Lis le message et réponds.**

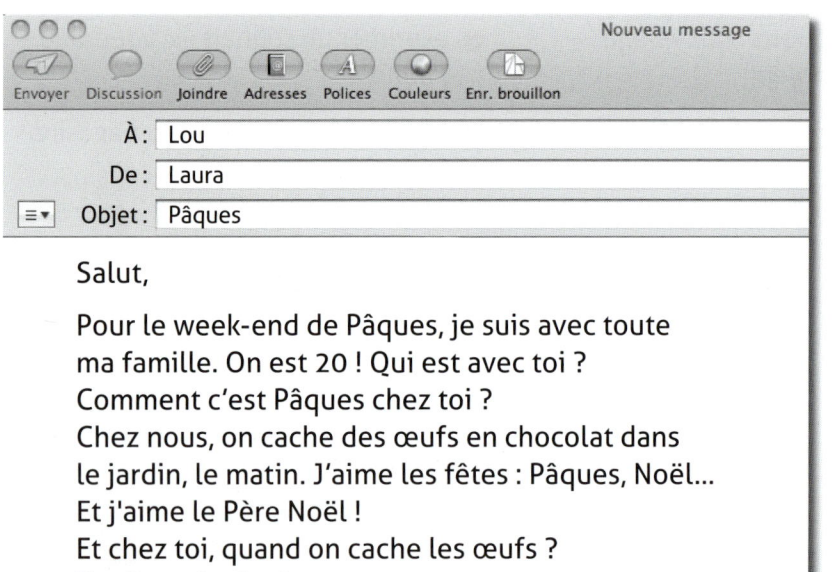

Nouveau message

Envoyer Discussion Joindre Adresses Polices Couleurs Enr. brouillon

À : Lou
De : Laura
Objet : Pâques

Salut,

Pour le week-end de Pâques, je suis avec toute
ma famille. On est 20 ! Qui est avec toi ?
Comment c'est Pâques chez toi ?
Chez nous, on cache des œufs en chocolat dans
le jardin, le matin. J'aime les fêtes : Pâques, Noël…
Et j'aime le Père Noël !
Et chez toi, quand on cache les œufs ?
Tu réponds vite !

Bisous.

Laura

Qui, quand, comment

Qui c'est ?/ C'est **qui** ?
Quand tu caches les œufs ?
Quand c'est Pâques ?
Comment c'est ?

2. **Observe les images et réponds.**

a C'est qui ?

b C'est quand ?

c Comment c'est ?

3. **Trouve la question.**

→ *C'est le 25 décembre. / C'est quand Noël ?*
a. C'est génial !
b. Mon anniversaire est le 4 novembre.
c. Le matin du 25 décembre.
d. Je suis avec toute ma famille.

 4. **Interroge ton voisin.**

→ *– Qui est avec toi pour Pâques ?*
– Je suis avec mes amis.

5. **Pose à Laura d'autres questions
sur les fêtes en France.**

1. Écoute et montre la bonne image.

 a
 b
 c
 d

Exprimer ses goûts

Détester	Aimer	Adorer
Je déteste	J'aime	J'adore
Tu détestes	Tu aimes	Tu adores
Il / Elle / On déteste	Il / Elle / On aime	Il / Elle / On adore
Nous détestons	Nous aimons	Nous adorons
Vous détestez	Vous aimez	Vous adorez
Ils / Elles détestent	Ils / Elles aiment	Ils / Elles adorent

3. a. Cite pour toi...

un cadeau super original ; un cadeau sympa ; un cadeau nul

b. **Compare tes réponses avec ton/ta voisin(e).**

4. Pour chaque image, écris une phrase avec *aimer*, *adorer* ou *détester* comme dans l'exemple.

a.

b. *Ils adorent les jeux vidéo.*

c. d.

2. Choisis un cadeau pour les personnes ci-dessous. Utilise le lexique de l'encadré.

a. Mathilde adore écouter de la musique.

b. Lucie et Emma adorent surfer sur Internet.

c. Benjamin aime jouer avec les avions télécommandés.

Les cadeaux

un skateboard   un bracelet
un drone   un jeu vidéo
un smartphone   un manga
un bijou   un lecteur MP4

5. Sur un papier, écris un cadeau que tu aimes, adores ou détestes. Mélangez puis devinez l'auteur du papier.

→ – C'est écrit « J'adore les mangas. »
   – Qui adore les mangas ?
   – C'est Emma.
   – Non, c'est Mateo.
   – Oui, c'est moi ! J'adore !

(34) 1. **Écoute et réponds : vrai ou faux ?**

a. Rafid veut une console de jeux vidéo.
b. Rafid veut fêter son anniversaire avec sa famille.

2. **Interroge ton voisin.**

→ – Qu'est-ce que tu veux pour ton anniversaire ?
– Pour mon anniversaire, je veux / je voudrais un drone avec une caméra intégrée.

4. **Observe les images. Qu'est-ce qu'ils veulent ?**

Le verbe « vouloir »

Je **veux**	Nous voul**ons**
Tu **veux**	Vous voul**ez**
Il / Elle / On **veut**	Ils / Elles veul**ent**

Les formules de politesse

On peut exprimer un souhait avec les expressions de politesse :
Papa, **j'aimerais** aller à la fête.
Je voudrais un nouveau smartphone pour mon anniversaire.

3. **Mimez à deux une activité à faire pendant une fête. La classe devine.**

→ – Vous voulez chanter ?
– Non, nous voulons danser !

5. **Lis le courriel et réponds.**

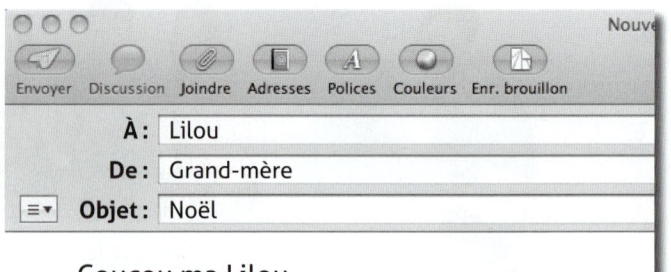

À : Lilou
De : Grand-mère
Objet : Noël

Coucou ma Lilou,

Comment vas-tu ? C'est bientôt Noël. Qu'est-ce que tu veux ? Tu as des idées pour tes frères et sœurs ?
Bisous,

Ta grand-mère

(35) 1. **Écoute et montre la bonne image.**

Les magasins

la boucherie — le marchand de légumes

la boulangerie — la pâtisserie

le coiffeur — la pharmacie

la librairie — le supermarché

le marché

Le verbe « acheter » au présent

J'ach**è**te   Nous ach**et**ons
Tu ach**è**tes   Vous ach**et**ez
Il / Elle / On ach**è**te   Ils / Elles ach**è**tent

2. **Où on achète ces objets ? Utilise le lexique de l'encadré.**

a   b

c   d

3. **Recopie et complète le dialogue dans ton cahier avec le verbe « acheter ».**

– Qu'est-ce que tu achètes pour Éva ?
– Je ne sais pas. Max … quoi ?
– Un livre, je crois.
– Romain, et toi, tu … quoi ?
– Avec Félix, nous … un bijou.
– Ah, c'est une bonne idée !

4. **Observe les lots et dis le prix de la clé USB, du jeu vidéo et du manga.**

32 €   59 €   46 €

Demander le prix avec « combien »

Combien ça coûte, s'il vous plaît ?
C'est **combien**, s'il vous plaît ?

5. **Tu achètes un cadeau dans un magasin. Utilise les images de l'activité 4. Jouez la scène à deux.**

1. Observe la photo et les deux encadrés et réponds :
vrai ou faux ?

a. Les chapeaux sont sur les têtes.
b. Le gâteau est sous la table.
c. Les enfants sont derrière la table.

La fête

un gâteau	une guirlande
un cadeau	un ballon
un chapeau	une bougie

2. Retrouve les mots. Écris les mots dans
ton cahier.

→ *deauca = cadeau*

a. giebou
c. teaugâ
b. tefê
d. landeguir

3. Écoute sur Internet la chanson « C'est
la fête » de Michel Fugain et chante.

Les prépositions de lieu

devant   derrière   sur   sous

4. Choisis un cadeau. Ton/Ta voisin(e)
devine.

→ – *Il est sous le cadeau rouge ?*
   – *Oui.*
   – *Il est sur le cadeau vert ?*
   – *Oui !*
   – *C'est le cadeau jaune !*

5. Ton/Ta voisin(e) organise une fête. Il/Elle
décrit la fête. Il utilise les deux encadrés.
Écoute et dessine sur ton cahier, puis
présente le résultat à ton/ta voisin(e).

Phonétique

36

Les sons [e], [ɛ] et [ə]

1. Écoute et répète.
[e] de « bonne ann**é**e » ; [ɛ] de « la f**ê**te » ;
[ə] de « d**e**vant »

2. Recopie le tableau dans ton cahier. Écoute
et fais une croix dans la bonne case.

	a.	b.	c.	d.	e.
[e]					
[ɛ]					
[ə]					

Fêtes et traditions

Il y a beaucoup de fêtes en France. Certains jours de fête,
on ne va pas en classe et on ne travaille pas, mais pas tous !
Il y a aussi des traditions. Certaines sont très sympas !
Voici mon calendrier des fêtes et des traditions.

JANVIER

Pour l'Épiphanie, le 6 janvier, on mange la galette des Rois. On cache une fève dans la galette. Tu as la part avec la fève? Tu deviens le roi ou la reine.

FÉVRIER

Pour la Chandeleur, le 2 février, on mange des crêpes. On fait sauter les crêpes dans la poêle.

MARS-AVRIL

En France, à Pâques, on cache des œufs en chocolat dans les jardins. Les enfants cherchent les œufs et, ensuite, ils mangent les chocolats. Miam !

Le 1er avril, c'est le jour des farces. On colle des poissons en papier dans le dos de ses amis. Ce sont les poissons d'avril !

MAI

Le 1er mai, c'est la fête du Travail. Ce jour-là, on ne travaille pas et on offre un brin de muguet. Le muguet est un porte-bonheur.

Chaque année, le 8 mai, on commémore la fin de la Seconde Guerre mondiale. C'est important. On ne va pas en classe.

JUIN

Le 21 juin, c'est la fête de la Musique. On joue de la musique dans la rue.

JUILLET

La fête nationale de la France, c'est le 14 juillet. Il y a des défilés militaires, des bals et des feux d'artifice dans toutes les villes.

NOVEMBRE

Chaque année, on commémore la fin de la Première Guerre mondiale le 11 novembre. C'est une date importante de l'histoire de France.

DÉCEMBRE

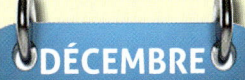

Noël, c'est le 25 décembre. Le 24 décembre, le soir, on donne les cadeaux et on mange de la bûche. C'est un gâteau en forme de tronc d'arbre. C'est très bon !

1. **Parmi ces fêtes et traditions, quelles fêtes on célèbre aussi dans ton pays ?**
2. **Présente une fête ou une tradition de ton pays.**

J'organise une grande tombola

Bonjour Alexis,
Samedi 25 mai, on organise dans notre collège une fête avec une tombola. Il y a beaucoup de lots à gagner : un lecteur DVD, des rollers, des lecteurs mp3, des mangas. Les billets coûtent 2 euros.
Voici l'affiche de la tombola.
Et dans ton école, vous organisez une fête ? Il y a une tombola ?
Salut !
Juliette.

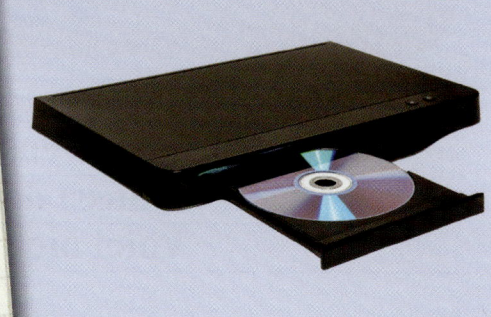

❝ Réponds aux
questions suivantes :
 – Quand a lieu
  la tombola ?
 – Combien
  il y a de lots ?
 – Qui participe ?
 – Combien coûtent
  les billets ?...

❝ Cherche des images.

❝ Écris le texte
de l'affiche.

❝ Réalise l'affiche.

❝ Envoie un mail avec
l'affiche à ton/ta
correspondant(e).

Les élèves du collège Jules-Ferry organisent une grande tombola !

Tous les billets gagnent un lot !

2 euros le billet

1er lot : un lecteur DVD

2e lot : des rollers

3e lot : une tablette numérique

et aussi des lecteurs mp3, des mangas...

et des surprises !!!

Tirage au sort le 25 mai, jour de la fête du collège !

Unité 5

Drôle de famille

J'apprends à :
- présenter ma famille
- décrire mes amis
- dire ce que j'aime, ce que je n'aime pas
- parler du caractère
- parler des animaux de compagnie

Projet :
- Mon arbre généalogique

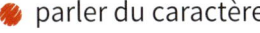

37 Écoute et montre la bonne image.

a

b

c

d

e

f

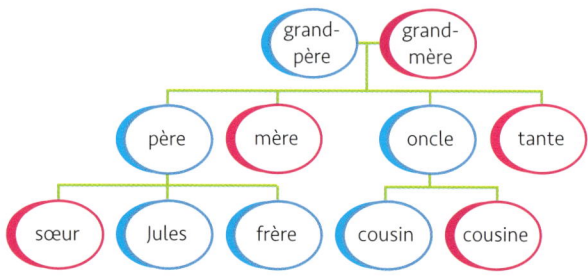

(38) **1.** Écoute et montre les membres de ma famille.

grand-père — grand-mère

père — mère — oncle — tante

sœur — Jules — frère — cousin — cousine

La famille

le grand-père	la grand-mère
le père	la mère
le frère	la sœur
l'oncle	la tante
le cousin	la cousine
le chien, le chat	

Les adjectifs possessifs*

Masculin	Féminin	Pluriel
mon frère	**ma** sœur	**mes** parents
ton oncle	**ta** tante	**tes** cousins
son cousin	**sa** cousine	**ses** amis

* Un seul possesseur

(39) **2.** Écoute et associe avec la bonne image.

a

b

c

3. Lis et réponds.

FLASH ADO

Lio : sa priorité, ses enfants

La chanteuse Lio parle de sa vie de famille.

Dans *TV Magazine*, la chanteuse évoque ses six enfants, Nubia (22 ans), Esmeralda (15 ans), Igor (16 ans), Diego (6 ans) et les jumelles Garance et Léa (10 ans). Avoir une famille nombreuse demande de l'organisation, confirme Lio : « *Nubia a son appartement. Esmeralda est dans un internat : sa passion c'est l'équitation. Et Igor est apprenti à Angoulême. Dans mon appartement à Paris, j'habite avec mes jumelles et mon petit Diego. Ma mère habite chez moi.* »

a. La chanteuse Lio a combien d'enfants ?

b. Nubia habite où ?

c. Quelle est la passion d'Esmeralda ?

d. Quels enfants habitent avec Lio à Paris ?

 **4.** Et toi, présente ta famille.

(((40))) 1. Écoute et associe avec la bonne image.

Dumbo — Titeuf

Nadia — Hugo

Les parties du corps

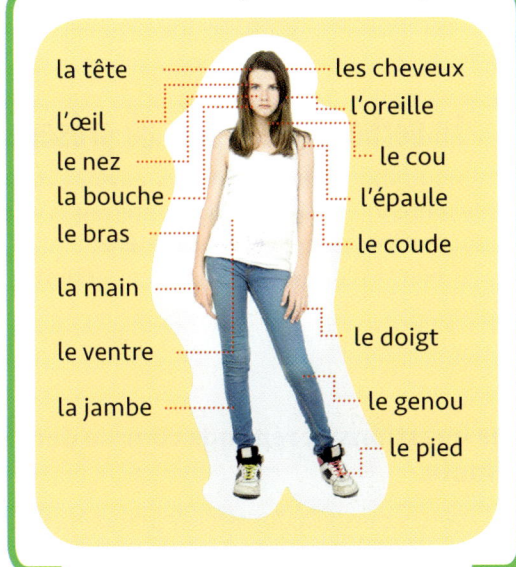

la tête	les cheveux
l'œil	l'oreille
le nez	le cou
la bouche	l'épaule
le bras	le coude
la main	
le ventre	le doigt
la jambe	le genou
	le pied

Le féminin des adjectifs réguliers

Masculin	Féminin
petit	petit**e**
grand	grand**e**
blond	blond**e**
brun	brun**e**
rond	rond**e**
fort	fort**e**
laid	laid**e**

3. Choisis un personnage de bande dessinée. Décris-le.

🎵 **4.** Écoute sur Internet la chanson « Beaux dimanches » d'Amadou et Mariam et chante.

2. Observe les personnages du *Petit Nicolas* et réponds.

  a. Quelle est la couleur des cheveux de Nicolas ?
  b. Qui est blond ?

Alceste — Nicolas — Clotaire — Eudes — Geoffroy

🔄 **5.** À toi, décris ta famille.

1. Écoute, observe et cherche l'erreur. (41)

2. Écris des phrases avec les éléments du tableau.

→ *Sacha aime le rugby.*

	Les films de science-fiction	La musique classique	Le rugby
Sacha	☺	☹	☺
Fatima	☹	☹	☹
Léo	☹	☺	☹

Le verbe « préférer » au présent

Je préf**è**r**e**	Nous préf**é**r**ons**
Tu préf**è**r**es**	Vous préf**é**r**ez**
Il / Elle / On préf**è**r**e**	Ils / Elles préf**è**r**ent**

3. Lis le document et réponds.

 ▶ **Lecture :** 58 % des adolescents lisent un livre de manière régulière.

 ▶ **Musique :** 60 % des jeunes n´écoutent pas de r'n'b. 16 % des adolescents jouent de la musique.

▶ **Cinéma :** 8 % des adolescents regardent des films au cinéma.

 ▶ **Musée :** 80 % des élèves de 13 à 18 ans visitent des musées.

a. Quel pourcentage d'adolescents ne lit pas régulièrement un livre ?

b. Quel pourcentage d'adolescents n´écoute pas de musique r'n'b ?

c. Combien de jeunes jouent de la musique ?

4. Lis les questions et réponds comme dans l'exemple.

→ – Tu aimes mieux la danse ou les promenades ?
   – Moi, je préfère...

a. ...le cinéma ou les musées ?

b. ...les livres ou regarder la télé ?

c. ...danser ou écouter de la musique ?

d. ...écouter de la musique classique ou du rap ?

La négation

ne + verbe + **pas**

Je suis mince.	≠	Je **ne** suis **pas** mince.
J'aime le bleu.	≠	Je **n'**aime **pas** le bleu.

Attention, « ne » devient « **n'** » avant une voyelle !

5. Interroge ton/ta voisin(e) sur ses goûts et ses préférences.

🔊 42 1. Écoute et montre les bons personnages.

Les adjectifs de caractère

Masculin / Féminin	Invariable
compliqué(e)	simple
intelligent(e)	dynamique
patient(e)	sympathique
décontracté(e)	drôle
détendu(e)	triste
amusant(e)	timide
intéressant(e)	stupide
prudent(e)	agréable
	calme
	cool
	populaire

2. Regarde les photos. Écris le caractère.

→ *Il / Elle est…*

🔊 43 3. Écoute et complète.

→ *Mes amis sont sympathiques.*

a. Nous sommes un groupe… .
b. Vous êtes … .
c. Elles sont … .
d. Ils ne sont pas … .

4. Lis et réponds.

Caractère de 4 signes du zodiaque

 Les béliers, vous n'êtes pas discrets, mais vous êtes sympathiques.

 Les lions, vous êtes prudents et patients.

 Les scorpions, vous êtes compliqués et drôles.

 Les poissons, vous êtes agréables et détendus.

a. Qui est patient ?
b. Qui est drôle ?
c. Qui est agréable ?
d. Qui est sympathique ?

🔄 5. Demande à un(e) camarade son signe du zodiaque. Présente ce signe du zodiaque avec deux adjectifs. Ces adjectifs correspondent au caractère de ton/ta camarade.

1. Lis et associe chaque animal à sa photo.

Animal de compagnie

Rechercher un animal, des adresses...

www.animaldecompagnie.com

Tu as un animal de compagnie ? Tu aimes les animaux ? Ce forum est pour toi !

Lisa 12 ans - Paris
Bonjour, j'ai un poisson rouge, il est timide.

Mathieu 11 ans - Bruxelles
Moi, j'ai un chien et un hamster.

Théo 12 ans - Bordeaux
L'animal de compagnie de mon frère est lent : c'est une tortue !

Xavier 13 ans - Lausanne
Mon animal s'appelle Titi : c'est une perruche verte.

a · b · c · d · e

2. Participe au forum. Tu envoies un message.

44 ## 3. Écoute les mots. Lève la main si tu entends le pluriel.

4. Lis le forum SPA et réponds.

Le pluriel des noms

Singulier	Pluriel
un ami	des ami**s**
une souris	des souri**s**
un cheveu	des cheveu**x**
un animal	des anim**aux**

www.forumspa.com — **FORUM SPA**

Auteur	Message
Morgane	Bonjour, j'ai 13 ans et j'adore les animaux. Je n'ai pas d'animaux. Chez ma tante, il y a plein d'animaux : un chien de 5 ans, il s'appelle Rouxi. Il est grand et drôle. Il y a aussi un chat sympathique et des poissons rouges calmes. Est-ce que je peux devenir jeune volontaire à la Société Protectrice des Animaux à 13 ans ?
Évelyne Responsable des jeunes volontaires	Les jeunes volontaires de la Société Protectrice des Animaux ont entre 11 et 17 ans. Sur Internet (www.jeunespa.spa.asso.fr/agir), tu cherches la société proche de ton domicile.

a. Quel âge a Morgane ?
b. À qui écrit Morgane ?
c. Quels animaux habitent chez Morgane ?
d. Quel est le caractère du chien de la tante de Morgane ?
e. À quel âge les jeunes peuvent être volontaires à la SPA ?

45 — **Phonétique**

Les sons [ɔ̃], [ã] et [ɛ̃]

1. Écoute et répète
[ɔ̃] : poiss**on**, **com**pagnie, b**on**jour
[ã] : **tan**te, **len**t, gr**an**d
[ɛ̃] : pl**ein**, sym**pathique, **In**ternet

2. Écoute et dis si tu entends [ɔ̃], [ã] ou [ɛ̃].

Civilisation

Une famille sénégalaise

Bienvenue à l'hôtel familial de Nianing

Je m'appelle Kadim, j'ai 13 ans et j'habite avec ma famille dans l'hôtel familial de Nianing. Dans l'hôtel, les touristes habitent avec ma famille sénégalaise. Ils veulent découvrir ma culture, les rites et les paysages de ma région. C'est une expérience riche et inoubliable.

Ma mère

Moi

Mon père

Falou

Papé

Gayé

Ma mère, Françoise, s'occupe de l'hôtel et elle prépare des plats typiques. Elle est très dynamique.

Mon père, Mokhtar, transporte les touristes de l'aéroport de Dakar à l'hôtel. C'est le guide de l'hôtel. Il est très intéressant.

Ce sont mes frères ! Le plus jeune s'appelle Falou, il est amusant. Le grand, Papé, est timide. Nous adorons le football. Ma sœur Gayé est la petite de la famille. Elle est souriante et intelligente.

Astou

Téné

Diagne

1. **Où habite la famille de Kadim ?**
2. **Quels membres composent la famille de Kadim ?**
3. **Quel est le caractère des membres de sa famille ?**

Ici, c'est ma tante Astou et mes cousines : la jeune Téné et Diagne.

Ma tante est très dynamique, elle prépare des repas sénégalais pour les touristes. Elle est très sympathique. Elle adore parler et danser.

Mon **grand-père**, Louis, a 68 ans. Il est grand et mince. Il est agréable et sympathique.

Ma **grand-mère**, Mathilde, a 67 ans. Elle a les cheveux clairs. Elle est calme.

Mon **père**, Fabien, a 46 ans. Il est blond et grand. Il n'aime pas les films de science-fiction. Il est intelligent.

Ma **mère**, Sylvie, a 41 ans. Elle ne travaille pas. Elle a les cheveux noirs.

Mon **oncle**, Cyprien, est informaticien. Il a 37 ans. Il est intéressant.

Ma **tante**, Séverine, est blonde et mince. Elle est patiente. Elle a aussi 37 ans.

Ma petite **sœur** s'appelle Émilie. Elle est mince. Elle a 8 ans. Elle est amusante.

C'est **moi**, Léo. J'ai 13 ans. J'ai les cheveux noirs. J'adore l'école. Je suis dynamique.

Ma grande **sœur**, Lisa, est super. Elle a 16 ans. Elle est timide.

Ma **cousine**, Camille, a les cheveux blonds. Elle a 10 ans et elle est drôle.

Mon **cousin**, Enzo, a 13 ans. Il est dans mon collège. Il est grand et il a les cheveux noirs. Il est cool.

- Tu écris à ton/ta correspondant(e).
- Tu présentes ta famille.
- Tu utilises des adjectifs.
- Tu mets des photos (ou des dessins) des membres de ta famille.

Unité 6

C'est bon !

J'apprends à :
- lire et à comprendre une recette et un menu
- parler de ses repas
- exprimer la quantité
- nommer des lieux où l'on mange
- compter de 60 à 100

Projet :
- Je suis un master chef junior

(((**46** **Écoute et montre les aliments emportés au pique-nique par Lisa et Ludo.**

a

b

c

d

e

f

g

h

i

(47) 1. Écoute et dis les mots que tu connais.

2. Observe l'image et cite tes aliments préférés.

Les aliments

une banane	une orange	du raisin	une pomme	une fraise	
une pomme de terre	une salade	une tomate	un poulet	la viande	une carotte
le poisson	les céréales	le pain	les pâtes	le riz	
le fromage	un yaourt	le lait	une glace	un jus d'orange	un gâteau

(48) 3. Observe les images et écoute. Associe chaque aliment à un repas.

Le matin, c'est le moment du petit déjeuner.

À midi, c'est le déjeuner.

L' après-midi, c'est le goûter pour les enfants.

Et le soir, c'est le dîner.

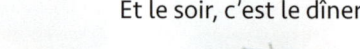

4. Par petits groupes, élaborez la liste des aliments pour une fête avec des amis.

🔊 (49) **1.** **Écoute et observe. Montre les pizzas choisies par Emma, Louis et Victor.**

a | b | c

Les articles partitifs

	Masculin	Féminin
singulier	**du** lait	**de la** sauce
pluriel	**des** fruits	**des** olives

2. **Observe l'image et compose ta pizza.**

→ *Je prépare une pizza avec du jambon, du fromage et des olives.*

Je prépare ma pizza

des tomates | du jambon | du fromage | des oignons

de la sauce tomate | des poivrons | des olives | de l'ananas

des champignons | des saucisses | du bacon

🔄 **4.** **Tu commandes une (des) pizza(s) par téléphone. Indique le(s) type(s) et le nombre de pizzas, les ingrédients supplémentaires et ton adresse.**

3. **Observe l'image et complète les phrases.**

a. On mange un yaourt avec une petite … .
b. Je coupe la viande avec un … .
c. Elle pique les tomates avec une … .
d. Je mange la soupe avec une grande … .
e. Je verse l'eau dans un … .
f. Les aliments sont dans l' … .
g. J'essuie ma bouche avec une … .

un verre
une fourchette
une cuillère
une serviette
une assiette
un couteau

🔊 (50) **Phonétique**

Les sons [y] et [u]

1. **Écoute et répète.**
[y] : j**u**s d'orange, confit**u**re, **u**ne.
[u] : p**ou**let, ya**ou**rt, c**ou**vert.

2. **Écoute et lève la main quand tu entends le son [u].**

1. **Lis rapidement ces nombres.**

a. 60 / 10 =70
b. 4 / 20 = 80
c. 80 / 10 = 90

Les nombres de 60 à 100

60 : soixante	81 : quatre-vingt-un
61 : soixante **et** un	82 : quatre-vingt-deux
62 : soixante-deux	90 : quatre-vingt-dix
70 : soixante-dix	91 : quatre-vingt-onze
71 : soixante **et** onze	99 : quatre-vingt-dix-neuf
80 : quatre-vingt**s**	100 : cent

51 **2.** **Écoute la recette de la quiche lorraine.**

a. **Montre les ingrédients.**

b. **Écoute et mets les images dans l'ordre.**

L´impératif des verbes en *-er*

Préparer

Prépar**e**   Prépar**ons**   Prépar**ez**

L'impératif sert à donner des ordres, des instructions.

3. **Présente une recette de cuisine. Utilise l´impératif.**

4. **Écoute sur Internet la chanson « Les cornichons » de Nino Ferrer. Fais une liste des aliments de la chanson.**

1. **Fais le test et calcule tes points.**

Test
Qu'est-ce que tu manges ?

	Pas du tout	Un peu	Beaucoup
1. Tu manges de la viande, du poisson, des œufs ou de la charcuterie ?	●	◆	♥
2. Tu manges des pâtes, du riz ou des pommes de terre ?	●	◆	♥
3. Tu manges des légumes ou des fruits ?	●	◆	♥
4. Tu manges du fromage, du lait ou des laitages (yaourts, fromage blanc...) ?	●	◆	♥
5. Tu manges du pain ?	●	◆	♥
6. Tu manges des gâteaux ou des glaces ?	●	◆	♥
7. Tu manges entre les repas ?	●	◆	♥

Résultats du test

De 3 à 6 ● : Attention, ton alimentation n'est pas variée. De 3 à 6 ◆ : Tu as une bonne alimentation. De 3 à 6 ♥ : Ton alimentation est riche en vitamines.

(((52))) 2. **Écoute et réponds.**

a. Est-ce qu'Antoine et Pauline mangent des fraises avec beaucoup de sucre ?

b. Est-ce qu'Aurélien aime le pain avec un peu de chocolat ?

> ## La quantité
> Il y a **beaucoup de** fraises.
> Il y a **peu de** fraises.
> Tu manges **trop de** chocolat.

3. **Lis le document et réponds.**

> Le petit déjeuner est important : il apporte beaucoup d'énergie. Mange un yaourt, une tartine de pain avec du beurre. Ajoute un bon chocolat chaud et un verre de jus d'orange.

> Varie les aliments au déjeuner : viande ou poisson avec du riz ou des pâtes et des légumes. Mange aussi des fruits et un produit laitier.

> Le goûter, c'est pour récupérer des forces. Un peu de chocolat, un fruit avec du lait.

> Le soir, au dîner, mange varié mais léger ! Ne mange pas beaucoup car, la nuit, tu consommes peu d'énergie.

> Et la boisson ! L'eau est très bonne pour la santé. Les jus de fruits apportent des vitamines. Le lait apporte du calcium. Attention avec les sodas : ils sont très sucrés !

a. Quel est le repas le plus important dans la journée ?

b. Qu'est-ce qui est important au petit déjeuner ?

c. Pourquoi tu manges un peu au goûter ?

d. Pourquoi il est important de manger léger au dîner ?

e. Qu'est-ce qu'apportent les fruits et le lait ?

f. Il faut boire peu de quelles boissons ? Pourquoi ?

> ## Le verbe « manger »
> Je mang**e** Nous mang**eons**
> Tu mang**es** Vous mang**ez**
> Il / Elle / On mang**e** Ils / Elles mang**ent**

4. **En petits groupes, préparez une liste de conseils pour bien manger dans la journée.**

(((53))) **1.** Écoute et montre les bonnes assiettes.

(((54))) **2.** Écoute et associe les textes aux images.

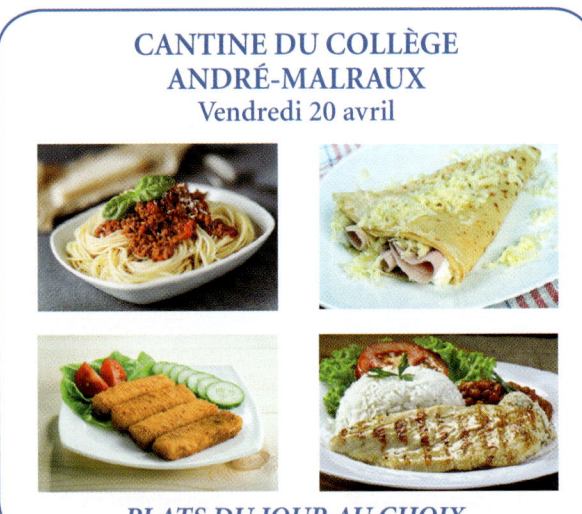

CANTINE DU COLLÈGE
ANDRÉ-MALRAUX
Vendredi 20 avril

PLATS DU JOUR AU CHOIX

[**Il n'y a pas de**]

Il y a un gâteau. / Il **n'y a pas de** gâteau.
Il y a **du** chocolat. / Il **n'y a pas de** chocolat.
Il y a **de la** salade. / Il **n'y a pas de** salade.

a. la maison

b. la cantine

c. le fast-food

d. le restaurant

3. Et toi, tu préfères manger au restaurant, au fast-food, à la cantine ou à la maison ?

4. Lis l'article et donne ton avis.

FLASH ADO

Interdire les fast-foods aux mineurs ?

Le ministère de la Santé s'attaque aux habitudes alimentaires des adolescents. Depuis 2011, les mineurs n'ont pas le droit d'entrer seuls, sans un adulte, dans un fast-food. Les fast-foods proches des établissements scolaires (à moins de 2 km) sont fermés. Les infirmières scolaires pèsent toutes les semaines les élèves. L'évolution de la courbe de poids des élèves détermine le menu à la cantine : menu normal, menu XL ou menu légumes/poisson. Qu'est-ce tu penses de ces mesures de lutte contre le surpoids ? Donne ton avis.

5. Lis le document, puis passe ta commande. Jouez la scène à deux.

Entrées		Plats		Desserts		Boissons	
Wrap tomates	3,95 €	Filet de saumon	8,50 €	Gâteau au chocolat	4,75 €	Au choix : eau, soda, canette	1,95 €
Salade tomates mozzarella	2,95 €	Galette jambon œuf	7,50 €	Glace	4,80 €		
Salade crudités	2,10 €	Burger du chef	9,20 €	Crêpe au sucre	3,70 €		
		Steak frites	8,50 €				

Cuisine et téléréalité

Top Chef est une émission de téléréalité culinaire. Elle existe en France depuis 2010. À chaque édition, une quinzaine de candidats s'affrontent pendant plusieurs semaines. À la fin, il y a un seul gagnant.

La semaine, je regarde Top Chef à la télévision. Et le samedi, à la maison, c'est Top Chef. Il y a deux équipes. Une équipe de cuisiniers : ils préparent des plats. L'autre équipe, c'est le jury. Moi, je suis dans l'équipe du jury. J'adore goûter les plats !

Présentation de l'émission de télévision

Le jury, c'est 4 ou 5 grands cuisiniers français. Par exemple, Hélène Darroze, Jean-François Piège, Philippe Etchebest...

Les candidats
Au départ, il y a environ 15 candidats, hommes et femmes. À la fin, il y a un seul gagnant. En général, les candidats travaillent déjà dans des restaurants. Certains candidats ont beaucoup d'expérience. D'autres sont encore débutants. Les plus jeunes candidats de Top Chef France sont Ruben Sarfati (édition 2012) et Jordan Vignal (édition 2014) : ils ont 18 ans.

Les plats
Les plats sont bons, mais aussi très beaux. Ce sont de vrais plats de chefs. On trouve les recettes sur Internet. Ça donne faim !

Les épreuves
Les chefs proposent des épreuves variées. Par exemple, les candidats reproduisent les plats des grands chefs ; les candidats cuisinent à partir d'épluchures ; les candidats préparent un buffet pour la fête des voisins ; les candidats reconnaissent un plat par le toucher et le goût dans le noir, ensuite ils préparent le plat...

1. **Combien il y a de candidats au début de l'émission ?**
2. **Qui sont les membres du jury ?**
3. **Cite une épreuve de Top Chef.**
4. **Est-ce que tu connais des émissions de télévision sur la cuisine ?**

Entraînement au DELF A1

Compréhension orale

(55) 1. **Lis les questions. Écoute l'enregistrement, puis réponds.**

1. À quelle date la cantine ferme ?
   a. le 12 novembre   **b.** le 23 mars   **c.** le 3 mai

2. Qu'est-ce qu'il y a à la boulangerie ?

3. Combien coûtent les sandwichs ?

4. Où se trouve le snack « Le bahut » ?
   a. Place Jules-Ferry   **b.** Rue Jean-Jaurès   **c.** Place Victor-Hugo

5. On peut manger une entrée et un plat à 12,50 euros :
   a. au snack « Le bahut ».   **b.** au café Jaurès.   **c.** à la cantine de l'école.

(56) 2. **Lis les questions. Écoute l'enregistrement, puis réponds.**

1. C'est le répondeur de :   **a.** Sarah.   **b.** Océane.   **c.** Noé.

2. Combien il y a de nouveaux garçons dans la classe d'Océane ?

3. Qui est cool ?   **a.** Gabriel   **b.** Noé   **c.** Ethan

4. Qui est Gabriel ?

5. Océane préfère :   **a.** Noé.   **b.** Gabriel.   **c.** Ethan.

Compréhension écrite

Lis la recette et réponds aux questions.

La tarte aux pommes

Préparation : 15 minutes
Cuisson : 40 minutes

Ingrédients pour 6 personnes :
- 1 pâte à tarte
- 3 pommes
- 1 œuf
- 10 cl de crème fraîche
- sucre

1. Étalez la pâte dans le moule à tarte.
   Piquez la pâte avec une fourchette.
2. Coupez les pommes.
3. Posez les pommes sur la pâte.
4. Dans un saladier, mélangez l'œuf et la crème fraîche.
5. Versez le mélange sur les pommes.
6. Ajoutez le sucre.
7. Et hop, au four 40 minutes à 180° C !

Bon appétit !

1. Quelle est la durée totale de la recette ?
   a. 15 minutes   **b.** 40 minutes   **c.** 55 minutes
2. Quels sont les ingrédients de la recette ? (plusieurs réponses possibles.)

3. Il y a combien de pommes ?
   a. 1   **b.** 2   **c.** 3
4. La tarte va 40 minutes dans :

5. La tarte est pour combien de personnes ?

Production orale

▶ Entretien dirigé

Réponds aux questions de l'examinateur.
- Parle-moi de ta famille.
  - Tu as des frères et sœurs ?
  - Comment ils s'appellent ?
  - Ils ont quel âge ?
- Quel caractère tu n'aimes pas ? Pourquoi ?

▶ Dialogue simulé

Samedi, c'est l'anniversaire de ton père. Tu cherches un cadeau avec ton frère/ta sœur dans un magasin.

Production écrite

Présente ta famille dans une lettre à ton/ta correspondant(e). Donne des informations sur tes parents, l'âge et le caractère de tes frères et sœurs, ton animal de compagnie... (40 mots minimum)

Projet

Correspondre à travers le monde
Je suis un master chef junior

Aujourd'hui, je prépare un gâteau au chocolat.

Les ingrédients sont :
- 200 g de chocolat
- 4 œufs
- 125 g de beurre
- 200 g de sucre en poudre
- 100 g de farine
- un sachet de levure

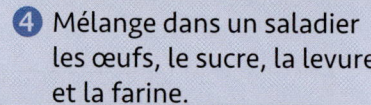

❹ Mélange dans un saladier les œufs, le sucre, la levure et la farine.

❶ Prépare les ingrédients.

❷ Préchauffe le four à 180 degrés.

❺ Verse le chocolat fondu dans le saladier.

❻ Fais cuire pendant 25 minutes dans le four.

❸ Fais fondre le chocolat avec le beurre.

🔖 **Tu présentes ta recette préférée.**

🔖 **Tu réalises un reportage.**

🔖 **Tu indiques les ingrédients.**

🔖 **Tu expliques les différentes étapes.**

🔖 **Tu mets des photos (ou des dessins) des différentes étapes.**

Grammaire

Les articles

Les articles indéfinis

Masculin	Féminin	Pluriel
un	**une**	**des**
un cadeau	*une tablette*	*des cadeaux / des tablettes*

Les articles définis

Masculin	Féminin	Pluriel
le / l'	**la / l'**	**les**
le tableau	*la gomme*	*les crayons*
l'élève	*l'enseignante*	*les élèves*

Les articles partitifs

	Masculin	Féminin
Singulier	**du** chocolat	**de la** farine
Pluriel	**des** fruits	**des** tomates

Le genre et le nombre

Le féminin des adjectifs réguliers

Masculin	Féminin
petit	petit**e**
grand	grand**e**
blond	blond**e**
fort	fort**e**

Le pluriel des noms

Singulier	Pluriel
un ami	des ami**s**
une souris	des souri**s**
un cheveu	des chev**eux**
un animal	des anim**aux**

Les adjectifs possessifs

Un seul possesseur

Masculin	Féminin	Pluriel
mon frère	**ma** sœur	**mes** parents
ton oncle	**ta** tante	**tes** cousins
son cousin	**sa** cousine	**ses** amis

Les prépositions de lieu

devant, derrière, sur, sous

devant   derrière   sur   sous

La négation

ne ... pas

ne + verbe + **pas**

Je suis mince. ≠ Je **ne** suis **pas** mince.

J'aime le bleu. ≠ Je **n'**aime **pas** le bleu.

Attention « **ne** » devient « **n'** » avant une voyelle !

Je suis grand.

Je ne suis pas grand.

Grammaire

Poser une question et répondre

Interroger sur une personne

Qui c'est ?/ C'est **qui ?**
→ **C'est** Mathias ! / **Voici** Mathias !

Interroger sur une date

Quand tu ouvres les cadeaux ?
Quand c'est Noël ?
→ C'est le 25 décembre.

Interroger sur quelque chose

Comment c'est ? / **Qu'est-ce que c'est ?**
→ C'est un livre. / Ce sont des livres.

Demander le prix

Combien ça coûte ? / C'est **combien ?**
→ C'est 10 euros.

Demander la permission

Est-ce que je peux entrer ? / Je peux entrer ?
→ Oui, c'est autorisé. / Oui, c'est possible.
→ Non, c'est interdit.

Conjugaison

Le présent de l'indicatif

Être
Je **suis**
Tu **es**
Il / Elle / On **est**
Nous **sommes**
Vous **êtes**
Ils / Elles **sont**

Avoir
J'**ai**
Tu **as**
Il / Elle / On **a**
Nous av**ons**
Vous av**ez**
Ils / Elles **ont**

Détester
Je détest**e**
Tu détest**es**
Il / Elle / On détest**e**
Nous détest**ons**
Nous détest**ez**
Ils / Elles détest**ent**

Acheter
j'ach**è**t**e**
tu ach**è**t**es**
Il / Elle / On ach**è**t**e**
Nous ach**e**t**ons**
Nous ach**e**t**ez**
Ils / Elles ach**è**t**ent**

Préférer
Je préf**è**r**e**
Tu préf**è**r**es**
Il / Elle / On préf**è**r**e**
Nous préf**é**r**ons**
Vous préf**é**r**ez**
Ils / Elles préf**è**r**ent**

Aimer
J'aim**e**
Tu aim**es**
Il / Elle / On aim**e**
Nous aim**ons**
Vous aim**ez**
Ils / Elles aim**ent**

Manger
Je mang**e**
Tu mang**es**
Il / Elle / On mang**e**
Nous mang**eons**
Vous mang**ez**
Ils / Elles mang**ent**

Vouloir
Je v**eux**
Tu v**eux**
Il / Elle / On v**eut**
Nous voul**ons**
Vous voul**ez**
Ils / Elles **veulent**

L'impératif des verbes « -er »

Écouter
Écout**e**
Écout**ons**
Écout**ez**

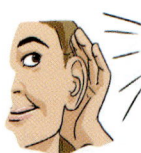

Montrer
Montr**e**
Montr**ons**
Montr**ez**

Transcriptions

Unité 1

1 ACTIVITÉ PAGE 6

a. Hablo español.

b. Ich spreche deutsch.

c. Falo português.

d. Je parle français.

e. Parlo italiano.

f. Miláo elliniká (Μιλάω ελληνικά).

g. I speak English.

h. Wǒ shuō hàn yǔ (我说汉语).

i. أنا أتكلم العربية

2 ACTIVITÉ 1, PAGE 7

un taxi – un bus – un métro – un avion – un soda – un thé –
un café – une baguette – un croissant – une pharmacie –
un cinéma

3 ACTIVITÉ 2, PAGE 7

a. bruitage d'un avion qui décolle

b. bruitage d'un bus qui ferme ses portes et démarre

c. bruitage d'un soda que l'on décapsule puis boit

4 PHONÉTIQUE, PAGE 7

L'accent tonique

*un mé**tro***

un av**ion** – un ta**xi** – un mé**tro** – un croi**ssant** – une ba**guette**

5 ACTIVITÉ 1, PAGE 8

A B C D E F G H I J K L M N O P Q R S T U V W X Y Z

6 ACTIVITÉ 1, PAGE 9

a. Écoutez le dialogue et répondez aux questions.

b. Ouvrez votre livre et lisez le texte.

c. Écrivez la phrase dans votre cahier.

d. Regardez le tableau.

e. Répétez après moi, s'il vous plaît.

7 ACTIVITÉ 2, PAGE 9

a. Parlez plus fort.

b. Merci ! Bravo !

c. Silence !!!!!!!!!!!!!

8 ACTIVITÉ 3, PAGE 9

a. Théo et Pauline... Écrivez, s'il vous plaît !

b. Répondez à la question, s'il vous plaît !

c. Kenza, tu dors ??? Réveille-toi, s'il te plaît !

d. Léo, le téléphone portable en classe... non !

9 ACTIVITÉ 1, PAGE 10

a. – C'est à quelle page, s'il te plaît ?

– C'est à la page 12.

– Merci.

b. Ça s'écrit comment « septembre » ?

c. Je ne comprends pas. Vous pouvez répétez, s'il vous plaît ?

d. Je peux aller aux toilettes, s'il vous plaît ?

10 ACTIVITÉ 2, PAGE 10

a. Je peux aller aux toilettes ?

b. Je ne comprends pas. Vous pouvez répéter ?

c. C'est à quelle page du livre ?

d. Ça s'écrit comment « téléphone » ?

11 ACTIVITÉ 3, PAGE 10

a. Vous pouvez répéter, s'il vous plaît ?

b. Ouvrez votre livre.

c. Ça s'écrit comment ?

d. Écoutez et répétez après moi.

e. Inès, tu peux venir au tableau, s'il te plaît ?

f. Je ne comprends pas.

Unité 2

12 ACTIVITÉ PAGE 13

a. – Bonjour Théo.

– Bonjour Emma.

b. – Comment ça va Manon ?

– Ça va super, merci !

c. – Salut je m'appelle Chloé. J'habite à Paris.

d. – C'est qui ?

– C'est Astérix et Obélix.

e. – Au revoir !

– Salut, ciao, bye bye !

13 ACTIVITÉ 1, PAGE 14

– Salut Sandra !

– C'est qui ?

– Humm humm...

– C'est Manon ?

– Non !

– C'est Amaya ?

– Non !

– C'est Lydia ?

– Non !!! C'est moi !!!

– Ah, c'est toi Kiara ?!

– Oui et voici Jade à bicyclette !

Transcriptions

🔊 (14) ACTIVITÉ 3 PAGE 14

• – C'est qui ?
– C'est Théo !
• – Voici Mathias !!!
– Ah, non c'est Théo...
• C'est toujours Théo !!!
• C'est qui, c'est Théo ?
• Voici Théo !

🔊 (15) ACTIVITÉ 1, PAGE 15

1. – Bonjour monsieur Lebrun.
– Bonjour Hugo. Comment vas-tu ?
– Très bien.
– Parfait ! Au revoir.
2. – Salut Matteo !
– Aïe, aïe, aïe....
– Ça va ?
– Non, ça va mal !!!
– Hein ?
– Mon pied !!!
3. – Salut Lucas.
– Salut Anaïs, comment ça va ?
– Super ! Et toi ?
– Ça va bien, merci.
– Ah, c'est mon bus ! Salut.

🔊 (16) ACTIVITÉ 3, PAGE 15

Comment ça va ?
Ça va mal !
Bof !
Ça va bien !
Ça va super !

🔊 (17) ACTIVITÉ 1, PAGE 16

– Allô ?
– C'est qui ?
– Quoi ??? Comment tu t'appelles ?
– Je m'appelle Jules.
– C'est qui ?!
– Jules : J U L E S !!!
– Jules ?
– C'est Emma ?
– Non, je m'appelle Marie.
– Ah, zut... c'est une erreur !

🔊 (18) ACTIVITÉ 1, PAGE 17

– C'est qui ta correspondante, Jade ?
– Elle s'appelle Joy.

– C'est son prénom ?
– Oui et son nom de famille c'est... Smith. Joy Smith.
– Elle est américaine ?
– Non elle est anglaise. Et toi ?
– Mon correspondant, il est italien. Ah il est là ! Bonjour, tu es Lorenzo ?
– Oui, je suis Lorenzo Jacomino.
– Bienvenue, moi c'est Hugo !

🔊 (19) ACTIVITÉ 2, PAGE 17

a. Elle est française. / Il est français.
b. Elle est italienne. / Il est italien.
c. Elle est suisse. / Il est suisse.
d. Elle est américaine. / Il est américain.
e. Elle est espagnole. / Il est espagnol.
f. Elle est belge. / Il est belge.

🔊 (20) PHONÉTIQUE, PAGE 17

Le son [ʒ]
Je m'appelle Julie Jacob, je suis belge.

Unité 3

🔊 (21) ACTIVITÉ PAGE 21

– Salut, moi c'est Nicolas. J'ai 8 ans.
– Je suis Yoda. J'ai 900 ans !
– Bonjour. Je suis Homer Simpson. Samedi, c'est mon anniversaire, j'ai 39 ans.
– Nous sommes les inspecteurs Dupond et Dupont. Nous avons 46 ans.
– Moi, je suis James Bond ! Mon âge est secret !!!

🔊 (22) ACTIVITÉ 1, PAGE 22

– Chloé, tu peux écrire la date au tableau, s'il te plaît ?
– Heu oui... mais... nous sommes quel jour, madame ?
– Eh bien, tu regardes le calendrier.
– Nous sommes le... vendredi 31 octobre. Ah, c'est la fête de Quentin !
– Bonne fête, Quentin !
– Merci.
– Vous connaissez les dates importantes en France ?
– Oui, non...
– Par exemple le 14 juillet, c'est la fête nationale. Et le 2 février ?
– C'est la Chandeleur !
– Très bien !
– C'est quand la fête de la Musique en France, madame ?
– La fête de la Musique, c'est le 21 juin.

Transcriptions

(((23))) ACTIVITÉ 4, PAGE 22

– C'est quand la fête d'Axel ?

– C'est dans 11 jours.

Dans 11 jours... Nous sommes le samedi 9 septembre donc, dimanche 10, lundi [...], mardi 12, mercredi [...], jeudi 14, vendredi [...], samedi 16, dimanche 17, lundi [...], mardi [...], mercredi 20 et jeudi [...], vendredi 22 et samedi 23 !

(((24))) ACTIVITÉ 1, PAGE 23

1. – Salut Léa, bon anniversaire !

   – Merci Jade.

   – Tu as quel âge ?

   – J'ai 14 ans !

   – Waouh ! Oh, elle est géniale ta piscine !

2. – Le 18 novembre, nous avons 14 ans.

   – Vous avez la même date d'anniversaire, c'est génial !

   – Eh oui, nous sommes jumeaux ! Nous organisons une fête pour notre anniversaire.

   – Super !

3. – Surprise !!!

   – Oh... merci !

   – Bon anniversaire Manon !

4. – C'est l'anniversaire de Théo aujourd'hui.

   – Bon anniversaire Théo !

   – Tu as quel âge ?

   – J'ai douze ans.

   – On chante « Bon anniversaire » ?

   – Oui, bonne idée !

   – Joyeux anniversaire, joyeux anniversaire, joyeux anniversaire Théo, joyeux anniversaire !

(((25))) PHONÉTIQUE, PAGE 23

Les sons [s] et [z]

[s] = **S**alut comment **ç**a va ?

[z] = Bien ! En**z**o et moi nou**s a**vons trei**z**e **a**ns aujourd'hui.

a. Ce sont mes amis.

b. Ils ont 13 ans.

c. Ils sont japonais.

d. Ils habitent à Tokyo.

(((26))) ACTIVITÉ 1, PAGE 24

– Léa, voici un cadeau pour tes études.

– Qu'est-ce que c'est ?

– Hum hum...

– C'est un ordinateur portable ?

– Non...

– C'est... une tablette ?

– Non...

– Hum, ce sont des livres, des cahiers ?

– Non, ouvre !

– Un CD ? Qu'est-ce que c'est ?

– C'est un logiciel pour apprendre les maths !

– Ah cool... j'adore les maths !

(((27))) ACTIVITÉ 2, PAGE 24

Attention, le jeu commence !

un stylo – une trousse – une règle – un crayon – un taille-crayon – un livre – une gomme

(((28))) ACTIVITÉ 1, PAGE 25

– Aïe !

– Ça va Zoé ?

– Non Tom. Ah, mon sac !!!

– Désolé Zoé. Le stylo violet est à toi ?

– Oui, le stylo violet est à moi et les ciseaux verts aussi.

– La règle blanche est à moi.

– Oui et le livre bleu, c'est à qui ?

– C'est mon livre de maths.

– Oh zut, maintenant je suis en retard !!!

(((29))) ACTIVITÉ 3, PAGE 26

Exemple : – Est-ce que je peux crier dans la classe ?

        – Non, crier dans la classe est interdit.

        – Est-ce que je peux téléphoner en classe ?

        – Est-ce que je peux fumer dans le collège ?

        – Est-ce que je peux surfer sur Internet au collège ?

(((30))) ACTIVITÉ 1, PAGE 28

Bienvenue au centre sportif de la Bouille. Nous sommes ouverts les jeudis, vendredis, samedis et dimanches. Attention, le centre est fermé en décembre. Pour avoir les animateurs, merci d'appeler le 02 35 24 59 13. Bonne journée.

(((31))) ACTIVITÉ 2, PAGE 28

1. – Quelle est ta nationalité ?

   – Je suis chinois et toi ?

   – Je suis française.

2. – Comment tu vas ?

   – Très bien et toi ?

   – Bof.

3. – Joyeux anniversaire Manon !

   – Voici ton cadeau.

   – Oh, merci.

4. – Qu'est-ce que c'est ?

   – C'est la cathédrale Notre-Dame.

   – Waouh !

5. – Papa, est-ce que je peux aller au cinéma avec Hugo ?

   – Bon, on est samedi... d'accord.

Transcriptions

Unité 4

🔊 32 ACTIVITÉ PAGE 31

a. Pour mon anniversaire, j'invite des amis.

b. Je fête Noël en famille.

c. À Pâques, j'adore les œufs en chocolat !

d. J'aime donner des cadeaux.

🔊 33 ACTIVITÉ 1, PAGE 33

1. – Tu aimes choisir les cadeaux sur Internet ?

  – Oui, j'adore !

2. Humm, j'adore les gâteaux !

3. Nous adorons avoir des cadeaux à Noël !

4. Elle déteste prendre l'avion.

🔊 34 ACTIVITÉ 1, PAGE 34

– Bonjour, tu veux bien répondre à mes questions, c'est pour RadioMax ?

– Oui, d'accord.

– Tu t'appelles comment ?

– Rafid.

– Parfait ! Rafid qu'est-ce que tu veux pour ton anniversaire ?

– Je voudrais une nouvelle console de jeux. J'adore les jeux vidéo !

– Et tu invites tes amis ?

– Nous voulons aller en discothèque avec mes amis !

– Vos parents sont d'accord ?

– Ben… non, parce que nous avons 13 ans…

🔊 35 ACTIVITÉ 1, PAGE 35

1. – Oh ces bijoux, ils sont magnifiques ! J'achète le bracelet pour Marine.

  – Oh oui, bonne idée !

  – Bonjour madame, combien coûte le bracelet, s'il vous plaît ?

  – 35 euros.

  – Parfait !

2. – Bonjour madame, j'aimerais du papier cadeau, s'il vous plaît.

  – Oui, bien sûr, nous avons plusieurs couleurs : jaune, rouge, bleu…

  – Le rouge, s'il vous plaît.

  – Voici.

  – Combien ça coûte ?

  – C'est 2 euros 60.

  – Merci, au revoir.

  – Au revoir.

3. – On va dans ce magasin ? J'aimerais acheter un MP4 à Valentin pour Noël !

  – D'accord, et moi je voudrais acheter un jeu vidéo à Lucie.

  – Bien ! Nous achetons un MP4 et un jeu vidéo.

4. – Bonjour.

  – Bonjour madame, je voudrais un croissant et une baguette, s'il vous plaît.

  – Voici !

  – C'est combien, s'il vous plaît ?

  – 2 euros 30.

  – Merci et bonne journée !

🔊 36 PHONÉTIQUE, PAGE 36

Les sons [e], [ɛ] et [ə]

[e] de « Bonne ann**é**e »

[ɛ] de « la f**ê**te »

[ə] de « d**e**vant »

a. père Noël

b. Bonne fête !

c. la guirlande rouge

d. un chapeau sur la tête

e. un cadeau pour Léa

Unité 5

🔊 37 ACTIVITÉ PAGE 39

Mon grand-père est génial. Il adore le rock.

Ma grand-mère est dynamique. Avec son vélo, elle participe au Tour de France.

Mon père est dans la lune. Il est astronaute.

Ma mère est une artiste. C'est une diva.

Mon frère est cool. Il est top model.

Ma sœur est dans une équipe de rugby.

🔊 38 ACTIVITÉ 1, PAGE 40

Je m'appelle Jules.

Montre mon père.

Montre mon grand-père.

Montre mon cousin.

Montre ma tante.

Montre ma mère.

Montre mes parents.

Montre ma sœur.

Montre mon oncle.

Montre ma grand-mère.

Montre ma cousine.

Montre mon frère.

🔊 39 ACTIVITÉ 2, PAGE 40

1. J'habite à Toulouse avec ma mère et ma sœur. Mon frère étudie à l'université, il habite chez mes grands-parents à Paris.

Transcriptions

2. Ma correspondante est espagnole. Elle a deux sœurs. Elles adorent la musique. Elle a un chien et un chat.

3. Génial, ton cousin et ta cousine aiment la musique techno, moi aussi !

🔊 40 ACTIVITÉ 1, PAGE 41

a. J'ai de grandes oreilles, les cheveux bruns, un gros nez, des bras longs et je suis gros. Qui suis-je ?

b. Je suis mince, j'ai les cheveux longs, une grosse tête, de grandes oreilles et un gros nez. Qui suis-je ?

c. Mes jambes sont petites, j'ai une grosse tête, je suis mince et mes cheveux sont blonds. Qui suis-je ?

d. Je suis grande et mince, j'ai des petits yeux, un petit nez et une grande bouche. Qui suis-je ?

🔊 41 ACTIVITÉ 1, PAGE 42

– Gabriel, dans ta famille, qu'est-ce que vous préférez ?

– Dans ma famille, mon père aime le rugby et moi je préfère le football. Mon frère Mathieu n'aime pas le sport, il préfère la musique. Avec mon cousin Hugo, nous aimons les randonnées à la montagne.

🔊 42 ACTIVITÉ 1, PAGE 43

– Hé Gaël, regarde le groupe, ce sont de nouveaux élèves ?

– Non Sébastien, ce ne sont pas des nouveaux élèves, c'est un groupe d'élèves étrangers. Ils visitent le collège. Ils habitent en Roumanie.

– Le grand blond est sympathique, non ?

– Oui, il s'appelle Sorin et il est intelligent. C'est un crack en maths !

– Wouah !

– La petite, c'est Ada. Elle est dynamique, mais timide. Le garçon décontracté avec les lunettes et les cheveux frisés, c'est Andrei, et l'autre fille, c'est Théodora, elle s'intéresse au cinéma. Elle est amusante.

– Génial ! De nouveaux copains.

🔊 43 ACTIVITÉ 3, PAGE 43

Exemple : Mes amis sont sympathiques.

a. Nous sommes un groupe amusant.

b. Vous êtes cool.

c. Elles sont intelligentes.

d. Ils ne sont pas timides.

🔊 44 ACTIVITÉ 3, PAGE 44

a. le chat

b. les souris

c. des poissons

d. l'hôpital

e. les animaux

f. les tortues

g. des cheveux

h. un lapin

i. un nez

j. des journaux

🔊 45 PHONÉTIQUE, PAGE 44

Les sons [ɔ̃], [ɑ̃], [ɛ̃]

[ɔ̃] : poisson, compagnie, bonjour

[ɑ̃] : tante, lent, grand

[ɛ̃] : plein, sympathique, Internet

a. Arthur est décontracté.

b. Elle est mince.

c. J'ai 13 ans.

d. Elle est grande.

e. C'est intéressant.

Unité 6

🔊 46 ACTIVITÉ PAGE 47

– Ludo, pour le pique-nique, qu'est-ce qu'on emporte ?

– Des chips ! J'adore les chips avec le poulet.

– D'accord pour les chips, mais pas le poulet. On emporte des sandwichs.

– Oui Lisa, des sandwichs au jambon et au fromage avec de la baguette ! Et on prépare aussi une grosse salade.

– La salade ? Ce n'est pas pratique pour un pique-nique, mais des petites tomates, c'est bien.

– Parfait. Et pour le dessert ?

– Un gros gâteau au chocolat avec de la crème ! Non, je plaisante ! On emporte des bananes.

– Et on ajoute un paquet de gâteaux.

– Moi, pour le pique-nique, je veux des spaghettis bolognaise !

– Mais Alex, ça ne va pas, tu es complètement fou !

🔊 47 ACTIVITÉ 1, PAGE 48

– Gaëtan, voilà un stylo et du papier, tu notes la liste des courses s'il te plaît. Alors, tu achètes pour le petit déjeuner des croissants, une baguette, de la confiture et du chocolat pour le lait. Pour le déjeuner, tu achètes une salade, 3 kilos de pommes de terre, des fraises, des yaourts et de l'huile d'olive.

– Ok maman, c'est bon. À tout à l'heure !

🔊 48 ACTIVITÉ 3, PAGE 48

a. une salade de tomate

b. une pomme

c. un yaourt

d. de la confiture

e. des haricots verts

f. du cacao

[Transcriptions]

g. du poisson

h. du chocolat

i. du poulet

j. des frites

k. de la tarte aux pommes

l. du beurre

m. de la soupe

(((49))) ACTIVITÉ 1, PAGE 49

– Qu'est-ce que vous voulez ?

– Pour moi, une pizza Hawaï avec de la tomate, de l'ananas et du fromage.

– Moi, je voudrais une pizza avec du jambon, des tomates, des olives, des champignons et du fromage.

– Une pizza Reine.

– Oui, c'est ça !

– Et pour toi ?

– Je préfère une pizza César, avec de la saucisse, du fromage et des oignons.

(((50))) PHONÉTIQUE, PAGE 49

Les sons [y] et [u]

[y] : jus d'orange, confiture, une

[u] : poulet, yaourt, couvert

a. la soupe

b. du pain

c. la fourchette

d. le couteau

e. le menu

f. la bouche

g. le goûter

h. le jus

(((51))) ACTIVITÉ 2, PAGE 50

Bienvenue dans notre émission « Top chef Ados ». Aujourd'hui, nous proposons une recette traditionnelle française : la quiche lorraine au fromage. C´est une recette simple et super bonne !

Les ingrédients :

4 œufs, 1 pâte à tarte, 20 cl de crème fraîche, 100 g de lardons, 150 cl de lait, 90 g de gruyère, du poivre et de la noix de muscade.

Bon maintenant, la préparation de la quiche.

– Étale la pâte dans un moule à tarte. Pique avec une fourchette.

– Dans un saladier, mélange les quatre œufs.

– Ajoute la crème, le lait, le poivre, le sel et la noix de muscade. Mélange.

– Ajoute les lardons.

– Verse ton mélange sur la pâte à tarte.

– Ajoute le gruyère.

– Et hop dans le four 35 minutes !

Bon appétit !

(((52))) ACTIVITÉ 2, PAGE 51

– Qu'est-ce que vous mangez pour le goûter ?

– Antoine et moi, nous mangeons des fraises avec un peu de sucre.

– Et toi Aurélien ?

– Moi, je mange du pain avec beaucoup de chocolat et un grand verre de lait.

– Oh là, là ! Aurélien, ne mange pas trop de chocolat ! Tu veux être malade ?

– Mais c'est très bon ! Et au goûter, j'ai très faim et j'ai très soif.

(((53))) ACTIVITÉ 1, PAGE 52

Aujourd'hui à la cantine, il y a du poisson pané avec de la salade. Il y a des crêpes au jambon. Il y a des spaghettis à la bolognaise, mais il n'y a pas de gruyère. Il y a aussi des escalopes de poulet avec du riz. Il n'y a pas de frites.

(((54))) ACTIVITÉ 2, PAGE 52

1. Après les cours, à midi, je mange au collège. C'est sympa ! J'aime bien être avec mes amis, mais il y a beaucoup de bruit.

2. Le samedi, après le cinéma, nous nous retrouvons et nous mangeons des hamburgers et des frites.

3. Dans ma famille, pour les anniversaires, nous mangeons au restaurant. C'est cool !

4. Le soir, je mange à la maison avec mes parents et ma sœur. Mon père adore préparer le repas.

(((55))) ACTIVITÉ 1, PAGE 54

Madame Bardet, la cantine du collège ferme le jeudi 23 mars. Voici trois autres lieux pour déjeuner. Il y a la boulangerie devant le collège, avec des sandwichs et des boissons. Les sandwichs coûtent 3,50 euros. Le snack « Le bahut » propose de la restauration rapide. C'est place Victor-Hugo, devant le collège. Il y a un menu à 8 euros. Il y a aussi le café Jaurès, rue Jean-Jaurès. Pour 12,50 euros, vous avez un menu avec entrée et plat ou plat et dessert.

(((56))) ACTIVITÉ 2, PAGE 54

Salut Sarah, c'est Océane ! Il y a trois nouveaux garçons dans ma classe, Ethan, Noé et Gabriel. Ethan est brun et il a les yeux noirs. Il est cool. Noé est blond et il est grand. Il est gentil mais un peu timide. Mon préféré, c'est Gabriel. Il a les cheveux bruns et il a les yeux verts. C'est un sportif, il fait du tennis. Il est super !!!

Lexique illustré

Unité 1

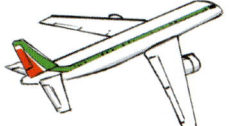
un avion

un bus

un métro

un taxi

une baguette

un croissant

un café

un soda

un thé

un cinéma

une pharmacie

Unité 2

salut / bonjour

bonsoir

au revoir

ça va mal

bof

ça va bien

ça va super

français(e)

américain(e)

italien(ne)

espagnol(e)

belge

Unité 3

un calendrier

un mois

une semaine

un nombre

une date

un anniversaire

un cadeau

une tablette

un jeu vidéo

une gomme

un stylo

une règle

Lexique illustré

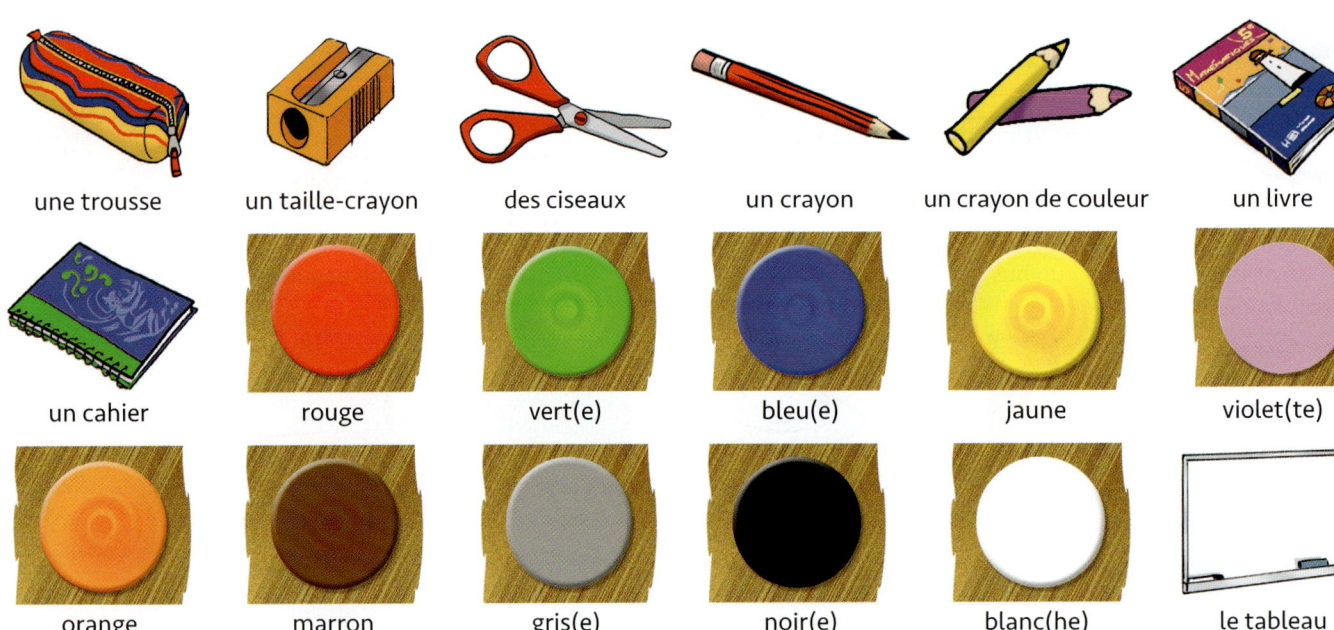

une trousse

un taille-crayon

des ciseaux

un crayon

un crayon de couleur

un livre

un cahier

rouge

vert(e)

bleu(e)

jaune

violet(te)

orange

marron

gris(e)

noir(e)

blanc(he)

le tableau

un skateboard

un drone

un smartphone

un bijou

un bracelet

un manga

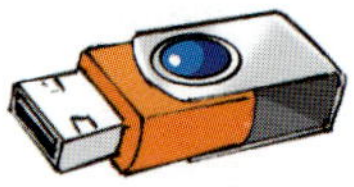

une clé USB

un lecteur MP4

la boucherie

la boulangerie

le coiffeur

la librairie

le marché

le supermarché

le marchand de légumes

la pâtisserie

le gâteau

la guirlande

le ballon

la fête

Lexique illustré

 le grand-père

 la grand-mère

 le père

 la mère

 le frère

 la sœur

 la tante

 l'oncle

 le cousin

 la cousine

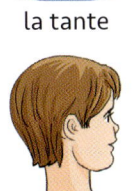 la tête

 les cheveux

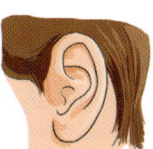 l'oreille

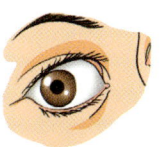 l'œil

 le cou

 l'épaule

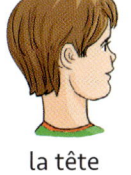 le nez

 la bouche

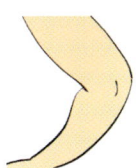 le coude

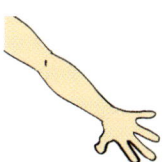 le bras

 la main

 le doigt

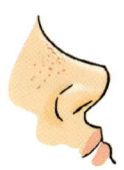 le ventre

 le genou

 la jambe

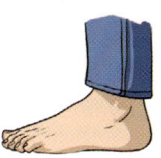 le pied

 petit(e)

 grand(e)

 mince

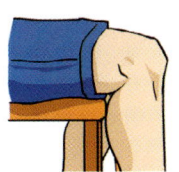 blond(e)

 brun(e)

 fort(e)

 laid(e)

 le rugby

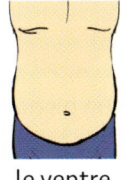 le football

 la musique

 un film

 la lecture

 un musée

 intelligent(e)

 patient(e)

 décontracté(e)

 amusant(e) / drôle

 intéressant(e)

 prudent(e)

 dynamique

Lexique

 sympathique

 triste

 timide

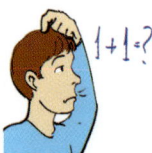 stupide

 un poisson rouge

 un chien

 un chat

 un hamster

 une tortue

 une perruche

 une souris

Unité 6

 un poulet

 des chips

 une banane

 une orange

 du raisin

 une pomme

 une fraise

 un ananas

 une pomme de terre

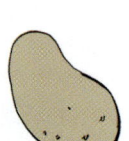 une salade

 une tomate

 un oignon

 un poivron

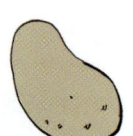 une olive

 un champignon

 la viande

le jambon

une saucisse

 le bacon

 une carotte

 la sauce tomate

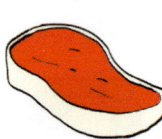 le poisson

 les céréales

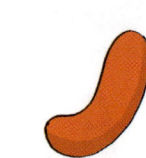 le pain

 les pâtes

 le riz

 le fromage

 un yaourt

 le lait

 une glace

  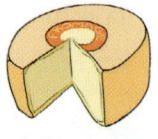   

Lexique

 le jus d'orange

 le petit déjeuner

 le déjeuner

 le goûter

 le dîner

 une pizza

 un verre

 une fourchette

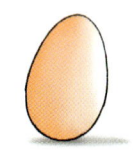 un couteau

 une assiette

 une serviette

 une cuillère

 une quiche lorraine

 un lardon

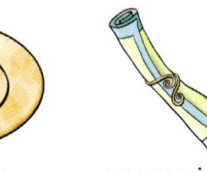 un œuf

 la pâte à tarte

 la crème fraîche

 le gruyère râpé

 le chocolat

 le poisson pané

une crêpe

les spaghettis bolognaise

la cantine

le fast-food

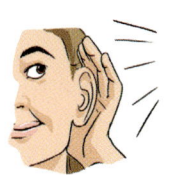

 le restaurant

Quelques verbes

écouter

écrire

lire

ouvrir (un livre)

regarder

parler

 aimer

 adorer

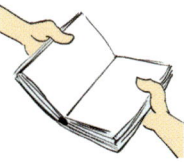 détester

 acheter

 préférer

 manger

LA FRANCE

N
O E
S

MER DU NORD

ROYAUME-UNI

Cardiff   Tamise   Londres

Southampton

Pas de Calais

PAYS-BAS
Amsterdam

ALLEMAGNE

Bruxelles

BELGIQUE

Cologne

Liège

MANCHE

Lille

Cherbourg

Îles Anglo-Normandes

NORMANDIE

Rouen

Reims

LUXEMBOURG

Francfort

Brest

BRETAGNE

Mont-Saint-Michel

Seine

Paris

ÎLE-DE-FRANCE

Ardennes

VOSGES

Strasbourg

Rhin

Stuttgart

Rennes

Vannes

Orléans

Belle-Île

Île de Noirmoutier

Nantes

Loire

Tours

Dijon

Ballon de Guebwiller
1424 m

Île d'Yeu

Morvan

JURA

Île de Ré

La Rochelle

Poitiers

Crêt de la Neige
1718

Berne

Zurich

Île d'Oléron

Limoges

AUVERGNE

Lyon

Genève

SUISSE

OCÉAN

Puy de Sancy
1886 m

Vercors

Mont Blanc
4807m

ATLANTIQUE

Bordeaux

MASSIF

Grenoble

ALPES

Milan

CENTRAL

AQUITAINE

Rhône

Turin

ITALIE

Bilbao

Gênes

PYRÉNÉES

Garonne

Cévennes

Toulouse

LANGUEDOC-ROUSSILLON

Montpellier

Camargue

PROVENCE

MONACO

ESPAGNE

Pic d'Aneto
3404 m

ANDORRE

Marseille

Estérel

Maures

Saragosse

MER

MÉDITERRANÉE

Îles d' Hyères

GUADELOUPE

Pointe-à-Pitre

MARTINIQUE

Fort-de-France

LA RÉUNION

St- Denis

GUYANE

Cayenne

ST-PIERRE-ET-MIQUELON

Miquelon

St-Pierre

Monte Cinto
2710 m

Corse

MAYOTTE

Dzaoudzi

NOUVELLE-CALÉDONIE

Nouméa

POLYNÉSIE

Mooréa

Papeete

Tahiti

WALLIS ET FUTUNA

Wallis

Uvéa

Futuna

Ajaccio

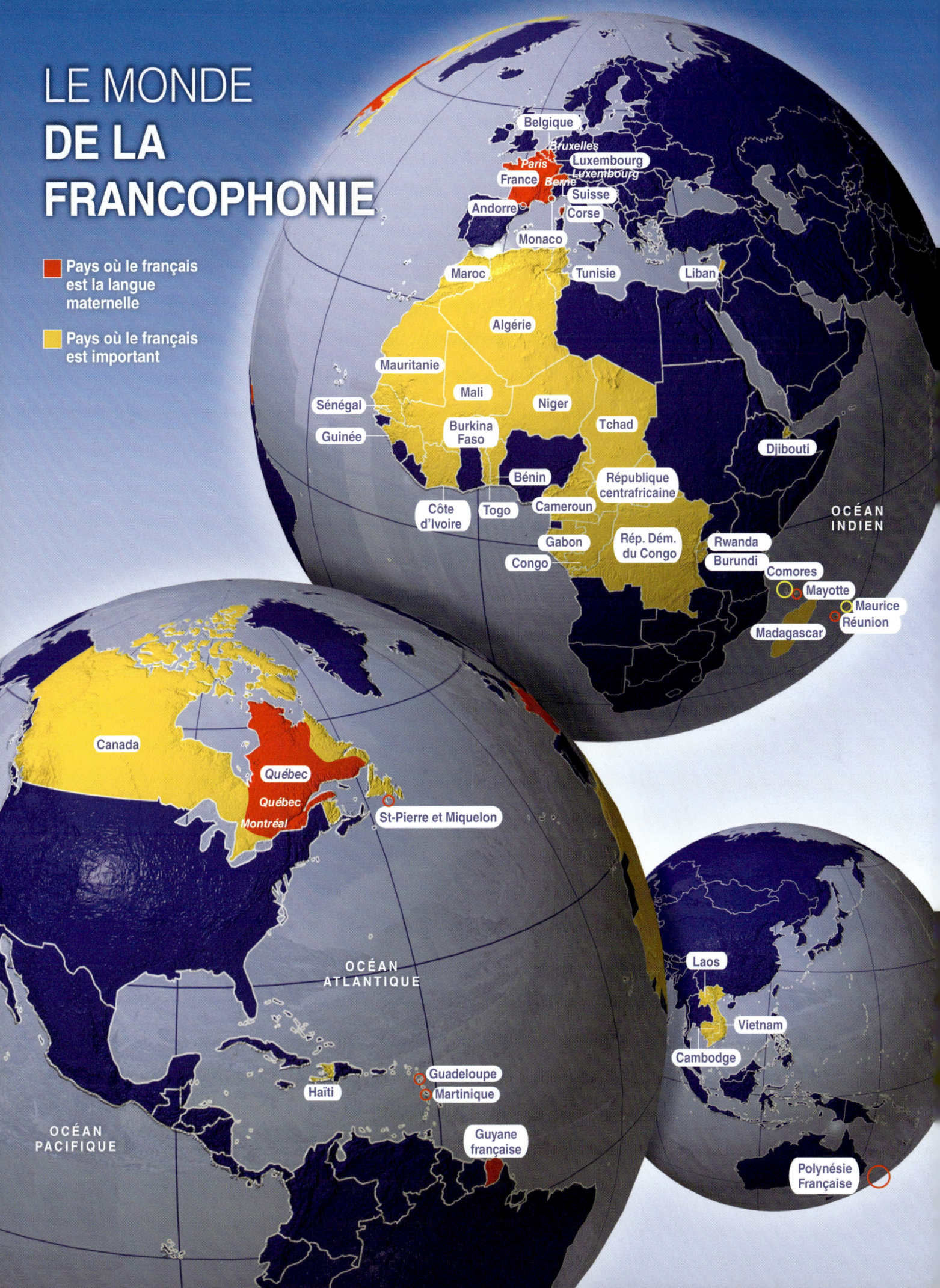

LE MONDE
DE LA
FRANCOPHONIE

Pays où le français est la langue maternelle

Pays où le français est important

Belgique
Bruxelles
Luxembourg
Luxembourg
Paris
France
Berne
Suisse
Andorre
Corse
Monaco
Maroc
Tunisie
Liban
Algérie
Mauritanie
Mali
Niger
Sénégal
Burkina Faso
Tchad
Djibouti
Guinée
Bénin
République centrafricaine
Côte d'Ivoire
Togo
Cameroun
OCÉAN INDIEN
Gabon
Rép. Dém. du Congo
Rwanda
Congo
Burundi
Comores
Mayotte
Maurice
Madagascar
Réunion

Canada
Québec
Québec
Montréal
St-Pierre et Miquelon
OCÉAN ATLANTIQUE
Laos
Vietnam
Cambodge
Haïti
Guadeloupe
Martinique
OCÉAN PACIFIQUE
Guyane française
Polynésie Française

Méthode de français

Merci!

Collège

1

Cahier d'activités

A. Payet - I. Rubio - E. F. Ruiz

CLE
INTERNATIONAL

Sommaire

Unité 1

[Bonjour du monde !]

1. Écoute et entoure les mots que tu entends.

un avion   un croissant   un cinéma   un cinéma   UN BUS   UN Métro

un taxi   UNE PHARMACIE   une baguette

2. Complète les mots avec...

... 2 lettres

a. B .... U E T T E

b. ...... V I ...... N

c. M ...... T R ......

... avec 3 lettres

d. C ...... O ...... S S ...... N T

e. P H ...... R ...... A C ...... E

f. C ...... N .... A

3. Écoute et souligne la syllabe qui est prononcée plus fort.

a. un collège
b. un cinéma
c. une pharmacie
d. un restaurant
e. une pizzeria

4. Écoute et coche la bonne case.

	français	autre langue
a.		
b.		
c.		
d.		
e.		

David Guetta
est un artiste célèbre.

(((❹ 1. Écoute et écris dans ton cahier les lettres que tu entends.

....

(((❺ 2. Écoute le nom de famille et associe avec la bonne personne.

1. Monsieur Morel   **2.** Madame Laffargue   **3.** Monsieur Dalmaso   **4.** Madame Moreau

Phrase ....   Phrase ....   Phrase ....   Phrase ....

3. a. Observe et classe les prénoms par ordre alphabétique.

Yoan   Alan   Clara   Jules   Théo   Chloé

....

(((❻ b. Écoute et classe les prénoms par ordre alphabétique.

Prénoms nos :

....

4. Observe la grille. Retrouve les 4 prénoms cachés. Écris les prénoms.

H	H	X	R	I	P	G	X	A
L	X	U	A	E	E	Y	O	Z
M	N	A	H	E	U	R	P	N
E	I	P	A	U	L	I	N	E
S	T	C	V	L	G	V	B	K
W	N	X	C	R	H	O	Q	N
D	E	S	Q	I	Y	U	I	R
Q	U	Q	X	C	E	U	N	O
F	Q	A	W	I	T	R	E	P
O	S	C	A	R	R	Q	K	R

a. P.....................................

b. ....r

c. ....n

d. K.....................................

1. **Remets les phrases dans l'ordre. Écris les phrases.**

a. quelle page / C'est à / s'il vous plaît ?

....

b. 12. / C'est / à la page

....

c. Ça s'écrit / « septembre » ? / comment

....

d. aller/ Je peux / s'il vous plaît ? / aux toilettes

....

2. **Lis les phrases et entoure la bonne réponse.**

A. Écoutez le dialogue !

a.   b.

B. Écrivez la phrase dans votre cahier !

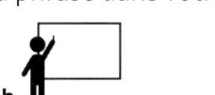

a.   b.

C. Venez au tableau !

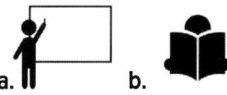

a.   b.

D. Ouvrez votre livre !

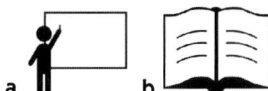

a.   b.

E. Répondez aux questions !

a.   b.

3. **Complète les phrases avec « s'il te plaît », « s'il vous plaît » et « merci ».**

a. Je ne comprends pas.
Vous pouvez répétez
.... ?

b. – C'est à quelle page
....
– C'est à la page 12.
– ....

c. ....
Carlos, c'est très bien.

d. – Tu as un stylo
.... ?
– Voilà.
– ....

4. **Écoute l'intonation et coche la bonne case.**

	Question ?	~~Question~~
a.		
b.		
c.		
d.		
e.		
f.		

1. Lis les phrases du professeur et choisis la bonne réponse.

A. Kenza, tu dors ??? Réveille-toi, s'il te plaît !
☐ **a.** Oui, désolée madame.
☐ **b.** Silence, s'il vous plaît, je dors.

B. Quelqu'un peut venir au tableau ?
☐ **a.** Oui, moi !
☐ **b.** Oui, Théo.

C. Répétez après moi s'il vous plaît : « Bonjour ! ».
☐ **a.** Bonjour !
☐ **b.** Merci.

D. Thomas, lis le titre de la leçon, s'il te plaît.
☐ **a.** « Je parle en classe. »
☐ **b.** Oui. Merci madame.

((⑧ 2. Observe l'image et montre qui parle.

3. Pose des questions pour :

a. aller aux toilettes.

.... ?

b. faire répéter le professeur.

.... ?

c. demander comment s'écrit un mot.

.... ?

d. demander à quelle page ouvrir le livre.

.... ?

((⑨ 1. Écoute et choisis la réponse qui te correspond.

Pourquoi tu apprends le français ?

	voyage 🛫	plaisir 🙂	culture 🎬	amis 🤝	études 🧑‍🏫
a.					
b.					
c.					
d.					
e.					
f.					
g.					

2. Fais un sondage. Interroge 5 personnes dans la classe. Note les réponses le tableau.

Pourquoi tu apprends le français ?

Prénoms	voyage	plaisir	culture	amis	études
....					
....					
....					

3. Dans ton livre, lis le texte « Le français dans le monde », page 11, et regarde la carte du monde francophone, page 71. Réponds.

a. Entoure l'intrus.

Burkina Faso – Cameroun – Irlande – Québec – France – Monaco – Sénégal – Suisse

b. Entoure le nom des 3 pays francophones de cette liste.

Afrique du Sud – Australie – Bénin – Suisse – Mexique – Égypte – Luxembourg

4. Associe ces pays francophones à leur continent.

Sénégal – Burkina Faso – Côte d'Ivoire – Canada – Suisse – Belgique – Luxembourg

(Afrique)   (Amérique du Nord)   (Europe)

5. Dans quel pays d'Afrique habite Malaika ?

Malaika habite ....

Dans le nom de mon pays il y a : 1 c, 2 e, 2 o, 2 i

Apprendre à apprendre

Repérer les mots faciles à comprendre

1. Lis les phrases et choisis la bonne réponse.

Je repère un mot facile en français car :	oui	non
a. la prononciation du mot est proche de ma langue.	☐	☐
b. le mot s'écrit d'une manière proche ou similaire.	☐	☐
c. j'utilise mes connaissances d'autres langues étrangères.	☐	☐
d. j'ai beaucoup d'imagination, je fais des hypothèses.	☐	☐
e. j'ai l'habitude de lire des mots étrangers. *(par exemple sur les emballages ou les paquets de céréales).*	☐	☐

Je m'entraîne à repérer des mots faciles.

1. Associe les mots pour retrouver leur traduction en langue étrangère.

matin — morning
mañana — morgen

bus — autobus
otobüs

café — kaffe
coffee

nouveau — neu
new

2. Lis le message et réponds.

Salut !
Tu connais le petit-déjeuner français ?
Au petit-déjeuner, je bois un jus d'orange et je mange des croissants. Humm... c'est délicieux !
Ma maman boit un café. Mon papa boit un thé.
Ils mangent des tartines avec du beurre et de la confiture.
C'est comment le petit-déjeuner dans ta famille ?
Lucas

a. Souligne les mots que tu comprends.

b. Fais des hypothèses sur les mots que tu ne connais pas.

Exemple : Les verbes « manger » et « boire » (je <u>mange</u>, ils <u>mangent</u> / je <u>bois</u>, papa <u>boit</u>, maman <u>boit</u>).

3. Lis les ingrédients sur les paquets de céréales et souligne tous les mots que tu comprends en français et dans les autres langues.

((⑩ 4. Écoute les phrases et dis les mots que tu comprends.

5. Recherche sur Internet ou dans un dictionnaire la traduction française des mots suivants.

artist: ....   miel: ....   elefant: ....

6. Recherche dans l'unité tous les mots proches de ta langue.

....
....
....

Unité 2

Comment ça va ?

Séance 1 [**C'est qui ?**]   Unité **2**

1. Trouve qui c'est. Écris la réponse.

Naruto   Marge Simpson   Bob l'éponge   Astérix

a. Bob l'éponge, c'est ....
b. Marge Simpson, c'est ....

c. Naruto, c'est ....
d. Astérix, c'est ....

2. Remets les lettres dans le bon ordre. Écris les phrases.

a.

....

b.

....

3. Découvre la phrase secrète. Écris la phrase.

◎ = C   ❖ = K   ㋤ = P   Ɣ = V   ⌘ = S   ✋ = I
Ⅱ = E   ႘ = O   ⅋ = R   〜 = A   ↗ = U

⌘ ↗ ㋤ Ⅱ ⅋ ,   Ɣ ႘ ✋ ◎ ✋   ❖ ✋ 〜 ⅋ 〜 !

.... , ... !

4. Pose la bonne question comme dans l'exemple.

→ – C'est qui XPR 3000 ?   – C'est le robot.

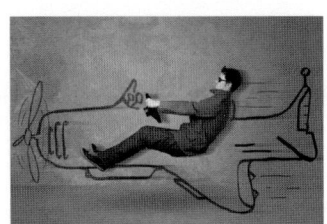         

Pierre   Jim   Sabri   Kevin

a. .... ?
C'est le réalisateur du film.
b. .... ?
C'est le pilote d'avion.

c. .... ?
C'est le super héros.
d. .... ?
C'est le joueur de football.

1. Associe les vignettes pour former 4 mots. Écris les mots.

| BON | SA | AU RE | JOUR | VOIR | LUT | SOIR | BON |

....

⑪ **2. a.** Écoute et entoure les mots que tu entends.

bien   bonsoir   SUPER   ça va ?   au revoir   bonjour   MAL   SALUT   bof   Merci

b. Écoute une deuxième fois l'enregistrement. Complète les mots que tu entends.

a. b...............   **b.** s...............   **c.** ç...............?   **d.** s...............   **e.** m...............

⑫ **3.** Écoute et complète les phrases dans ton cahier.

– ...., comment vas-tu ?   – Comment .... ?   – COMMENT .... ???!!!
– Hein ???   – Hein ???   – Aïe ! Ça va .... !!!

4. Remets le dialogue dans le bon ordre.

| Bien madame, merci. | Bonjour Valentin. Comment ça va ? | Au revoir Valentin. | Bonjour madame Berthier. |

n° ....   n° ....   n° ....   n° ....

5. Regarde les dessins et complète les phrases avec « moi » ou « toi ».

a. C'est .... ?   **b.** Non c'est .... ?   **c.** Le champion, c'est .... !!!   **d.** .... s'il vous plaît.

⑬ 1. Écoute et dis comment il ou elle s'appelle.

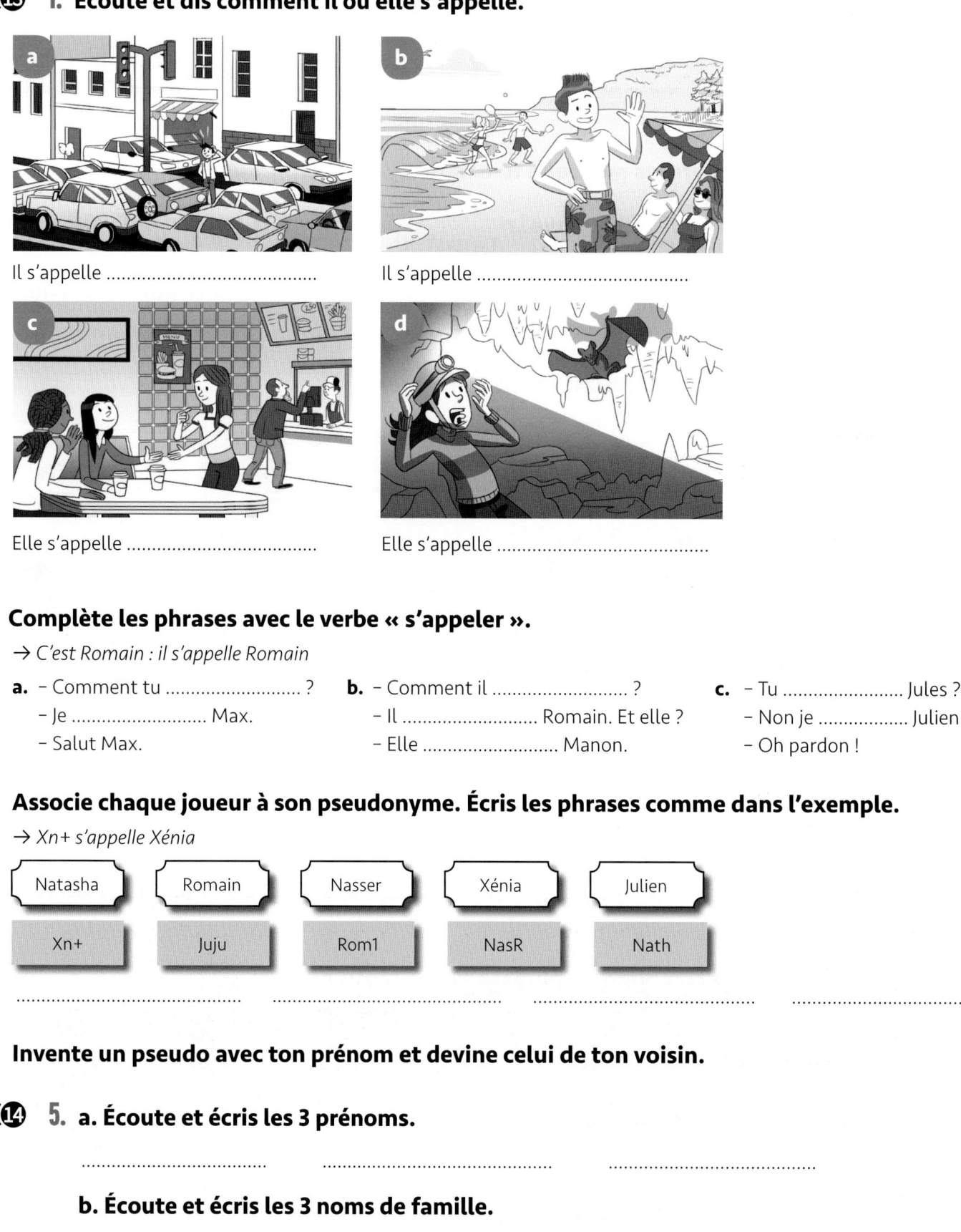

Il s'appelle ....

Il s'appelle ....

Elle s'appelle ....

Elle s'appelle ....

2. Complète les phrases avec le verbe « s'appeler ».

→ *C'est Romain : il s'appelle Romain*

a. – Comment tu .... ?

– Je .... Max.

– Salut Max.

b. – Comment il .... ?

– Il .... Romain. Et elle ?

– Elle .... Manon.

c. – Tu .... Jules ?

– Non je .... Julien.

– Oh pardon !

3. Associe chaque joueur à son pseudonyme. Écris les phrases comme dans l'exemple.

→ *Xn+ s'appelle Xénia*

Natasha	Romain	Nasser	Xénia	Julien
Xn+	Juju	Rom1	NasR	Nath

....

4. Invente un pseudo avec ton prénom et devine celui de ton voisin.

⑭ 5. a. Écoute et écris les 3 prénoms.

....

b. Écoute et écris les 3 noms de famille.

....

⑮ 1. Écoute les verbes et coche la bonne case.

	a.	b.	c.
Son identique =			
Son différent ≠			

⑯ 2. Écoute et complète les phrases.

a. – .... mexicaine.

– Super, moi .... belge.

b. – .... allemand ?

– Non .... autrichien.

c. – Il s'appelle comment ?

– Rachid. .... marocain.

d. Salut, voici Fang, ... chinoise.

e. Moi, c'est Lucas. .... italien.

3. Complète avec le bon pronom : je, tu, il, elle.

a. .... suis suisse.　　**b.** .... es espagnol.　　**c.** .... est française.　　**d.** .... est italien.

4. Complète.

Pays	Masculin	Féminin
France	français	française
Japon	japonais	....
Angleterre	....	anglaise
Italie	italien	italienne
Brésil	brésilien	....
Espagne	....	espagnole
Suisse	suisse	....

⑰ 5. Écoute et coche la bonne case.

	a.	b.	c.	d.	e.	f.
Son identique =						
Son différent ≠						

6. Associe les personnages à leur pays. Puis complète les phrases, comme dans l'exemple.

[AUTRICHE]　[ITALIE]　[ANGLETERRE]　[GRÈCE]　[FRANCE]　[ÉGYPTE]　[ESPAGNE]

→ *Jeanne d'Arc est française.*

a. Picasso est ....

b. Sherlock Holmes est ....

c. Cléopâtre est ....

d. Mozart est ....

e. Léonard de Vinci est ....

f. Aphrodite est ....

1. a. Mets les mots dans l'ordre. Écris les phrases.

a. Paris. / à / habite / J'

....

b. Paul / parlent / et / français. / Lisa

....

b. Complète les phrases avec les mots suivants :

à (2X) – Non – habites – Tu – j'habite – parle – espagnol.

– Tu parles espagnol ?

– Oui, je ....

– .... Madrid ?

– .... Séville.

– Ah c'est super !

2. Écoute et associe avec la bonne image.

Phrase n° : ....

Phrase n° : ....

Phrase n° : ....

Phrase n° : ....

Phrase n° : ....

Phrase n° : ....

3. Complète les conjugaisons.

a. Habiter : j'habite, tu .... , il ...., elle ....

b. Parler : je ...., tu parles, il ...., elle ....

4. Observe les photos et lis. Complète les phrases, comme dans l'exemple.

BONJOUR HELLO HOLA BUONGIORNO GUTEN TAG NÍN HǍO (您好)

Camille Moulin   Steeve Adams   Laura Barroso   Julia Rizzo   Ursula Bauer   Fu Zhang

→ *Camille Moulin ? Elle parle français.*

a. Steeve Adams ? ....

b. Laura Barroso ? ....

c. Julia Rizzo ? ....

d. Ursula Bauer ? ....

e. Fu Zhang ? ....

5. Écoute et coche quand tu entends le son [ʒ].

	a.	b.	c.	d.	e.	f.
[ʒ]						

Lis les fiches et réponds.

Nom : **Blondet**
Prénom : **Mathias**
Nationalité : **française**
Habite à : **Paris**
Langues : **français, anglais**

Nom :
ROSAS

Prénom :
EDUARDO

Nationalité :
ESPAGNOLE

Habite à :
SÉVILLE

Langues :
**FRANÇAIS,
ESPAGNOL,
ANGLAIS**

Nom : *Bello*
Prénom : *Anna*
Nationalité : *italienne*
Habite à : *Milan*
Langues : *italien, français*

Nom : **FABULUS**
Prénom : **IGNATUS**
Nationalité : **MARTIENNE**
Habite : **PLANÈTE MARS**
Langues : **MARTIEN**

a. Qui est français ?

....

b. Qui parle français ?

....

c. Qui habite sur la planète mars ?

....

d. Qui habite à Milan ?

....

e. Qui est Ignatus Fabulus ?

....

f. Fais ta fiche d'identité sur le modèle. Colle une photo.

Apprendre à apprendre

Comprendre un document audio en français

1. Lis les phrases et choisis la bonne réponse.

	oui	non
a. J'écoute plusieurs fois pour comprendre.	☐	☐
b. Je repère qui parle (garçon/fille, enfant/adulte).	☐	☐
c. Je repère l'intonation (exclamative, interrogative, etc.).	☐	☐
d. Je fais attention aux bruitages.	☐	☐
e. J'utilise ma langue pour deviner les mots.	☐	☐
f. Quand je ne comprends pas je fais des hypothèses.	☐	☐
g. Je comprends le sens général mais pas tous les mots.	☐	☐

((⦿20)) 2. Écoute et réponds. Entoure les bonnes images.

a. Qui parle ?

b. Emma est...

c. Quel est le lieu ?

d. Résume la situation dans ta langue.

....

3. Écoute une deuxième fois l'enregistrement. Écris 3 mots que tu comprends.

....

4. Lis ces mots et entoure la bonne définition dans ton cahier.

a. Je suis nulle = ça ne va pas / ça va super !   **c.** C'est vrai = tu dis oui / tu dis non.
b. C'est génial = c'est bien / c'est nul.

Grammaire

1. Conjugue les verbes. (3 points)

a. Habiter : *j'habite* ....

....

b. Être : ....

....

c. Parler : ....

....

2. Complète les phrases avec le verbe « s'appeler ». (1 point)

– Bonjour, comment tu .... ?

– Je .... Rose. Et le garçon,
il .... Axel.

3. Ajoute la préposition « à » quand c'est nécessaire. (2,5 points)

a. Marco habite .... Madrid.

b. Irène parle .... français.

c. Oscar habite .... Paris. Il parle .... français
et anglais.

d. Léa, tu parles .... chinois ?

Vocabulaire

((21)) 4. Écoute et complète la fiche de Tom. (1 point)

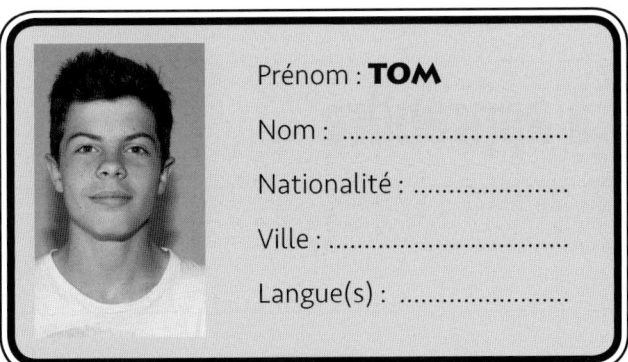

Prénom : **TOM**

Nom : ....

Nationalité : ....

Ville : ....

Langue(s) : ....

((22)) 5. Écoute et réponds à l'oral aux questions d'Emma. (2 points)

6. Associe les questions et les réponses. (4 points)

a. Océane ?   •   1. J'habite à Londres

b. C'est qui ?   •   2. Non je suis belge.

c. Comment
   tu t'appelles ?   •   3. Je parle français,
                                        anglais et espagnol.

d. Comment ça va ?   •   4. Bof !

e. Où tu habites ?   •   5. Oh salut Chloé !

f. Tu parles quelles
   langues ?   •   6. Non, il est
                                        mexicain.

g. Tu es française ?   •   7. Je m'appelle Hugo.

h. Il est colombien ?   •   8. C'est Clara.

Communication

7. Écris un texte comme dans l'exemple. (4 points)

→ *Paulo./ Brésil./ Rio de Janeiro. / Portugais,
anglais, français.
Il s'appelle Paulo. Il est Brésilien. Il habite
à Rio de Janeiro. Il parle portugais, anglais
et français.*

a. Lara / Italie / Florence / italien, allemand

....

....

b. Maria / Espagne / Séville / espagnol, français

....

....

c. Mike / Angleterre / Londres / anglais, allemand

....

....

d. Tom / Suisse / Genève / français, italien, allemand

....

....

8. Écris un texte pour te présenter. (1,5 point)

→ *Je m'appelle Inès. Je suis française...*

....

....

....

Phonétique

9. Écris 3 mots avec le son [ʒ]. (1 point)

....

Unité 3

Photo de classe

1. Observe ces trois agendas. Entoure le bon agenda.

a.

LUNDI	MARDI	JEUDI	MERCREDI	VENDREDI	SAMEDI	DIMANCHE

b.

LUNDI	MARDI	MERCREDI	JEUDI	VENDREDI	SAMEDI	DIMANCHE

c.

LUNDI	MARDI	MERCREDI	VENDREDI	JEUDI	SAMEDI	DIMANCHE

2. Regarde le calendrier de l'année sur Internet. Écris les jours de la semaine correspondant à ces dates.

Cette année, en 20 ....,
le 25 décembre est un ....
Le 1er janvier est un ....

Le 2 novembre est un ....
Le 14 février est un ....
Le 1er mai est un ....

3. Classe ces dates dans l'ordre chronologique.

27 octobre   **2 février**   **14 mars**   *30 septembre*   **5 mai**   18 juin

Ordre :   ....

((🔊23 4. Écoute, note l'addition et calcule. Lis le résultat.

a. .... + ... + ... = ...
b. .... + ... + ... = ...
c. .... + ... + ... + ...+ .... + ... + ... + ... = ...

5. Complète les phrases avec le verbe « être ».

a. – Bonjour, c'*est* quel jour aujourd'hui ?
– Nous .... le 10 octobre.
– Merci.

b. – Samedi c'est la fête. Vous .... invités.
– Super, merci.
– Et moi, je .... invité ?
– Oui, bien sûr.

c. – Où sont Maeva et Sarah ?
– Elles .... dans le bus.
– Et Maxime ?
– Il .... au collège.

((24 1.   Écoute et complète avec le verbe « avoir ».

a.   – Tu .... quel âge ?

– J'....................... 12 ans.

b.   – Matteo .... quel âge ?

– Il .... 11 ans.

c.   – Vous .... quel âge ?

– Nous .... 11 ans.

d.   – Manon et Laura .... quel âge ?

– Elles .... 13 ans.

2. Calcule les âges et écris l'âge en lettres à côté de la date de naissance.

→ *Nous sommes en janvier 2018, par exemple. Date de naissance : 22 mai 2003. Âge : quatorze ans.*

a.   16 mars 2002 :   ....

b.   04 septembre 1982 :   ....

c.   27 juillet 2012 :   ....

d.   07 mars 2005 :   ....

3. Nous sommes le 5 février 2026. Écris leur âge comme dans l'exemple.

→ *Lilian est né le 18 janvier 2006, il a 20 ans.*

a.   Alexis est né le 15 avril 2006, il ....

b.   Valentine est né le 10 décembre 2004, elle ....

c.   Maeva et Manon sont nées le 12 juin 2005, elles ....

((25 4.   Écoute et coche la bonne case.

	[S]	[Z]
a.		
b.		
c.		
d.		
e.		
f.		

Qu'est-ce que c'est ?

1. Complète avec « un », « une », ou « des ».

a. .... stylo

b. .... trousse

c. .... ciseaux

d. .... règle

e. .... crayon

f. .... taille-crayon

g. .... logiciel

h. .... clé

2. Observe les images et écris le nom des objets.

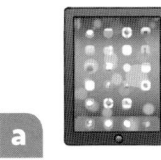 a

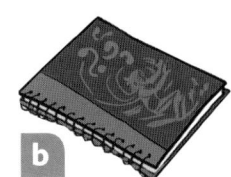 b

 c

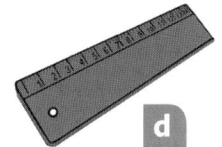 d

....

 e

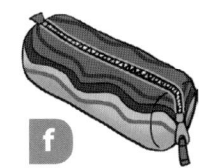 f

 g

....

3. Complète les mots.

a. UN L ...... G I ...... I L

b. D E ...... C ...... S E ...... U ......

c. UN ...... A ...... I ...... R

d. UN C R .... O N

e. U ...... E ...... L ...... U ...... B

4. Réponds comme dans l'exemple. Attention au pluriel et au singulier !

→ *Qu'est-ce que c'est ? C'est un stylo. / Ce sont des ciseaux.*

 a

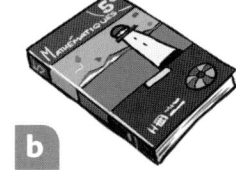 b

 c

....

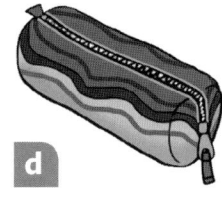 d

 e

 f

....

1. Regarde sur Internet et écris les couleurs des drapeaux.

→ *France : bleu, blanc rouge*

a. Italie : ....

b. Espagne : ....

c. États-Unis : ....

d. Maroc : ....

e. Allemagne : ....

2. Complète avec la bonne couleur.

a. .... + bleu = violet

b. rouge + ... = orange

c. .... + ... = gris

d. bleu + jaune = ...

3. Lis les phrases et corrige les erreurs. Écris les phrases corrigées.

→ *le trousse / la trousse*

a. Dans le trousse il y a le gomme, la stylo rouge et les ciseaux.

....

b. Dans le cartable il y a le cahier, les livres et le tablette.

....

c. Et le clé USB ?

....

4. Décris l'image de l'activité 1 page 25 du livre de l'élève.

→ *Il y a un stylo violet,* ....

....

5. Qu'est-ce que tu as dans ton cartable ? Fais la liste de ton matériel scolaire (crayons, livres, cahier...). Imagine les couleurs.

....

....

....

....

....

....

....

....

1. Pose une question comme dans l'exemple.

→ *(courir) Est-ce que je peux courir ?*

a. téléphoner : .... ?   **d.** fumer : .... ?

b. manger : .... ?   **e.** crier : .... ?

c. parler : .... ?

2. Observe et dis si c'est autorisé ou interdit.

→ *Téléphoner,*   **a.** ....   **b.** ....
   c'est interdit.   ....

c. ....   **d.** ....   **e.** ....
....

3. Lis la réponse et invente la question.

a. .... ?   **d.** .... ?

Non, c'est interdit en classe.   Oh là là, non c'est interdit !

b. .... ?   **e.** .... ?

Oui, c'est autorisé dans le collège.   Dans la cour, c'est autorisé mais en classe,
                                                      c'est interdit.
c. .... ?

C'est autorisé dans la cour.

((26 4. Écoute et observe l'image. Entoure les trois erreurs.

Lecture

1. Lis l'échange de mail entre Louis et Maeva et réponds.

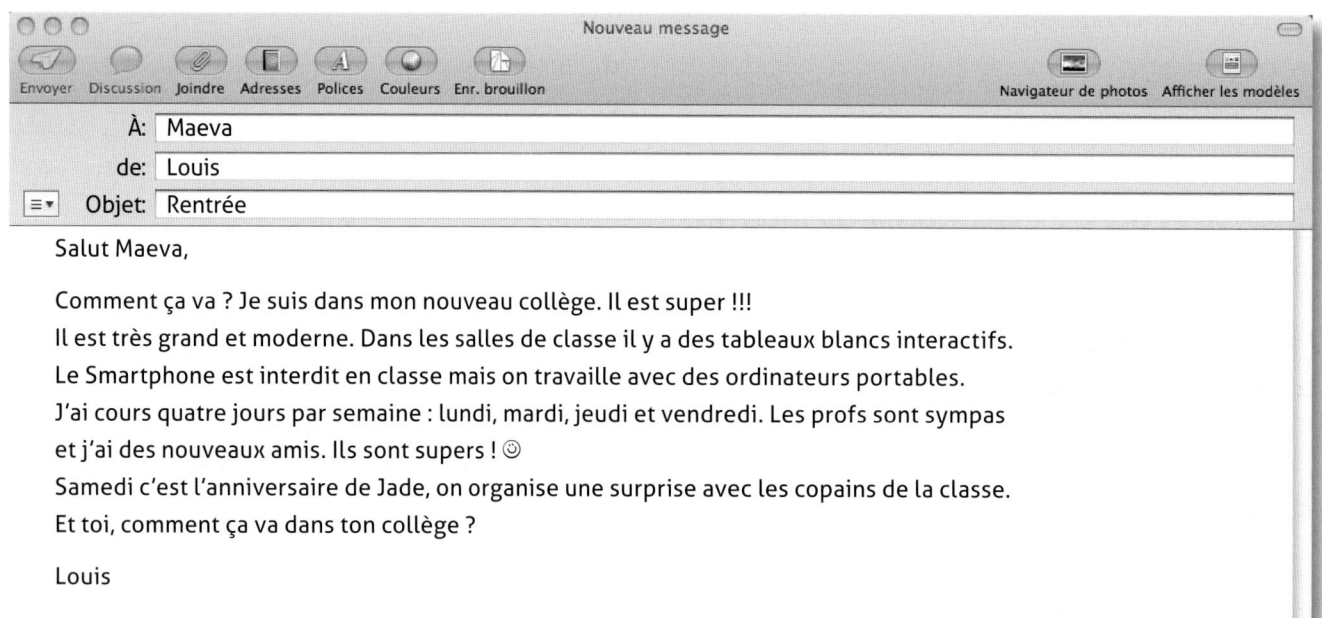

Nouveau message

Envoyer Discussion Joindre Adresses Polices Couleurs Enr. brouillon   Navigateur de photos Afficher les modèles

À : Maeva
de : Louis
Objet : Rentrée

Salut Maeva,

Comment ça va ? Je suis dans mon nouveau collège. Il est super !!!
Il est très grand et moderne. Dans les salles de classe il y a des tableaux blancs interactifs.
Le Smartphone est interdit en classe mais on travaille avec des ordinateurs portables.
J'ai cours quatre jours par semaine : lundi, mardi, jeudi et vendredi. Les profs sont sympas et j'ai des nouveaux amis. Ils sont supers ! ☺
Samedi c'est l'anniversaire de Jade, on organise une surprise avec les copains de la classe.
Et toi, comment ça va dans ton collège ?

Louis

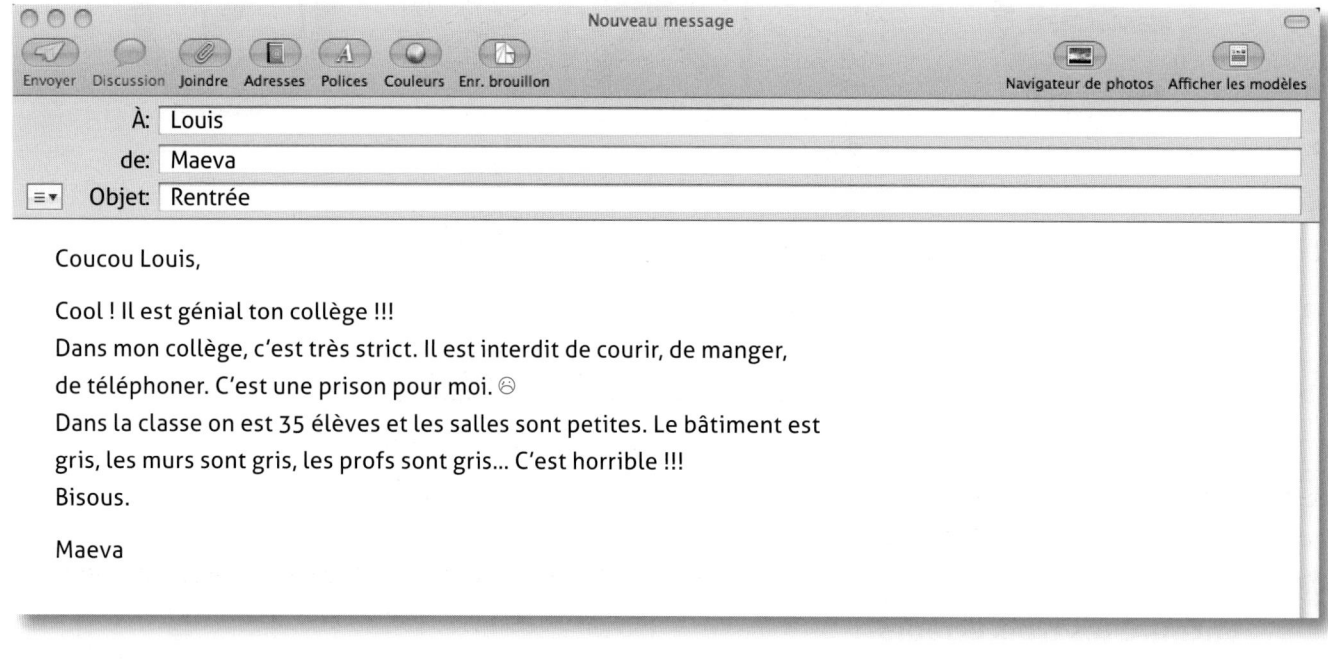

Nouveau message

Envoyer Discussion Joindre Adresses Polices Couleurs Enr. brouillon   Navigateur de photos Afficher les modèles

À : Louis
de : Maeva
Objet : Rentrée

Coucou Louis,

Cool ! Il est génial ton collège !!!
Dans mon collège, c'est très strict. Il est interdit de courir, de manger,
de téléphoner. C'est une prison pour moi. ☹
Dans la classe on est 35 élèves et les salles sont petites. Le bâtiment est
gris, les murs sont gris, les profs sont gris... C'est horrible !!!
Bisous.

Maeva

a. Qui aime son collège ?

....

b. Quel collège est grand et moderne ?

....

c. Comment sont les profs dans le collège de Louis ? Et de Maeva ?

....

d. Et toi, tu aimes ton collège ? Explique pourquoi.

....

Mémoriser du vocabulaire en français

1. Lis et choisis la bonne réponse.

	oui	non
a. Je dois écouter et dire les mots pour les mémoriser.	☐	☐
b. Je dois lire et écrire les mots pour les mémoriser.	☐	☐
c. Je compare les mots avec ma langue maternelle ou une autre langue.	☐	☐
d. Je fais des dessins pour illustrer les nouveaux mots.	☐	☐
e. Je peux mémoriser plusieurs mots très vite.	☐	☐
f. J'ai besoin de faire beaucoup d'exercices pour mémoriser les mots.	☐	☐

27 2. Entraîne ta mémoire auditive.

a. Écoute et réponds à l'oral.

– Quel son tu entends à la fin des 6 premiers jours ?

– Où se trouve ce son dans le mot « dimanche » ?

b. Écoute et complète les mots dans les silences.

c. Répète les jours de la semaine :

– de plus en plus vite ;

– en chantant (en opéra, en RnB, en rap…).

3. Entraîne ta mémoire visuelle.

a. Observe les mots et associe les jours de la semaine et les astres.

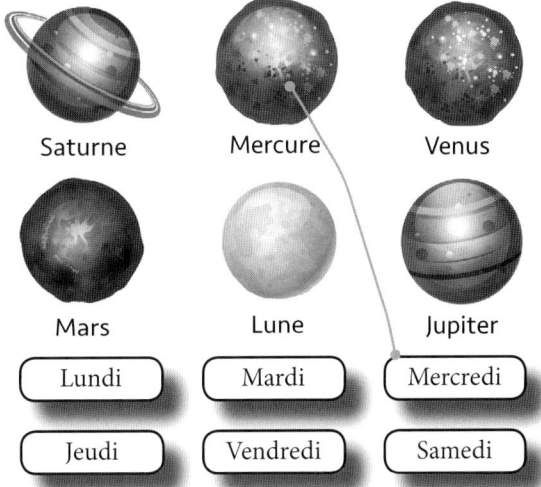

Saturne   Mercure   Venus

Mars   Lune   Jupiter

Lundi   Mardi   Mercredi

Jeudi   Vendredi   Samedi

4. Utilise ta langue native.

a. Traduis le mot dans ta langue.

janvier – février – mars – avril – mai – juin – juillet – août – septembre – octobre – novembre – décembre

....

....

b. Entoure les mois proches de ta langue en vert, les mots différents en orange, et les mots très différents en rouge.

5. Entraîne ta mémoire visuelle.

Dessine quelque chose à côté des mois de l'année. Par exemple : un sapin de Noël en décembre.

28 6. Entraîne ta mémoire auditive.

Écoute et réponds.

Quels mois se terminent par le son [e] ? ....

Quels mois se terminent par le son [bR] ? ....

Quel mois est similaire à une planète ? ....

Grammaire

1. Conjugue le verbe « avoir ». (1 point)

....

2. Complète avec le verbe « être ». (2,5 points)

a. Nous .... mardi 10 octobre.

b. Vous .... le nouveau professeur ?

c. Léo et Agathe .... au collège ?

d. Ils .... à la maison.

e. Elles .... italiennes.

3. Complète avec les articles définis ou indéfinis. (3 points)

→ *Voici un stylo. / C'est le stylo de Tom.*

a. – Voici .... trousse.
– C'est .... trousse de Léa.

b. – Oh regarde, c'est .... tablette de Lisa.
– Et ça ? C'est .... clé USB du prof.

c. – C'est .... moto de compétition ?
– Non, c'est .... scooter de Quentin.

d. – J'ai .... cahier et .... livre. .... cahier est bleu et .... livre est vert.

e. – Termine .... exercices de français.
– Maman, c'est .... heure du match à la télé !

4. Invente les questions avec « Est-ce que » ou « Qu'est-ce que ». (3 points)

a. .... ? Oui, ça va bien merci.

b. .... ?
Ce sont des exercices de français.

c. .... ? Oui, voici ma gomme.

d. .... ?
C'est un tableau blanc interactif.

e. .... ? Non, c'est interdit.

f. .... ? Oui, c'est possible.

5. Complète avec « c'est » ou « ce sont ». (1,5 point)

a. Dans mon sac, il y a des livres : .... des livres de français.

b. Dans la classe, il y a un tableau : .... un tableau noir.

c. Sur le tableau, il y a des craies : .... des craies blanches.

d. À la cantine, il y a un menu : .... un menu bio.

e. Dans mon cahier, il y a une photo : .... la photo de Manon.

f. Sur mon bureau, il y a des crayons : .... des crayons de couleur.

Vocabulaire

6. Devinettes. Trouve l'objet. (1,5 point)

→ *J'ai un « g » et deux « m ». Je suis : une gomme !*

a. Je suis masculin. J'ai un « h » et un « r ».
Je suis ....

b. Je suis féminin. J'ai trois « t » et deux « e ».
Je suis ....

c. Je suis pluriel. Je termine par « x ».
Je suis ....

d. Je suis masculin. J'ai un tiret «-» et douze lettres. Je suis ....

e. Je suis féminin. Je mesure les centimètres. J'ai un « g » et un « l ». Je suis ....

f. Je suis féminin. J'ai deux « s ».
Je suis ....

(((⍟ 7. Écoute et complète avec les couleurs. (3 points)

a. un tableau ....   **d.** des ciseaux ....

b. une règle ....   **e.** un cahier ....

c. un stylo ....   **f.** une trousse ....

8. Complète avec les dates. (2,5 points)

a. Aujourd'hui, nous sommes le ....

b. Mon anniversaire, c'est le ....

c. Samedi prochain, c'est le ....

d. Le ...., c'est la fête de la musique.

e. Le ...., c'est la fête nationale en France.

Communication

9. Décris ce qu'il y a dans ton sac. (1 point)

Dans mon sac, ...

Phonétique

10. Écris 3 mots avec le son [s] et 3 mots avec le son [z]. (1 point)

[s] : ....

[z] : ....

Unité 4

C'est la fête !

1. **Complète avec « qui » ou « quand ».**

a. Le jour de l'an c'est .... ? C'est le 1er janvier.

b. .... cherche les œufs de Pâques ? Ce sont les enfants.

c. Ta famille arrive .... ? Le 10 avril.

d. .... c'est ? C'est le Père Noël !

e. .... est cette personne ? C'est Maeva.

f. .... a un skateboard à Noël ? C'est Quentin.

g. .... c'est le nouvel an chinois ? Cette année, c'est le 8 février.

2. **Pose des questions avec « qui » comme dans l'exemple.**

→ *Habiter en Espagne – Qui habite en Espagne ?*

a. Parler anglais, allemand et français   – ....

b. Acheter le gâteau   – ....

c. Avoir des cadeaux   – ....

d. Être avec toi à Noël   – ....

e. Avoir 18 ans en décembre   – ....

f. Avoir de la famille en France   – ....

3. **Pose des questions avec « comment » comme dans l'exemple.**

→ *Comment tu t'appelles ? Je m'appelle Lilian.*

a. .... ?
Elle s'appelle Maeva.

b. .... ?
Ça va bien, merci.

c. .... ?
Noël chez moi c'est génial !

d. .... ?
En anglais, on dit « Hello ».

e. .... ?
Tu es magnifique !

30 **4.** **a. Écoute l'audio et montre la bonne image.**

b. Écoute une deuxième fois l'enregistrement et complète les dialogues.

a. – .... est là ?
– C'est le livreur de pizzas.

b. – .... il est le skateboard de Tom ?
– Il est super !

c. – .... c'est possible ?!!!
– C'est magique !

d. – .... c'est, Pâques ?
– En mars ou en avril.

e. – .... est avec toi sur la photo ?
– C'est Tony.

1. **Conjugue les verbes entre parenthèses.**

a. Jules .... (aimer) le samedi parce qu'il y a foot. Il .... (adorer) le foot, c'est sa passion.

b. Nous .... (détester) le lundi. La journée est très longue, il y a 9 heures de cours !

c. Vous .... (aimer) la natation ? Oui, nous .... (adorer) !

2. **Trouve les erreurs et écris le texte sans faute.**

Manon et moi nous adorent le jour de l'an. Lilian et Hugo déteste le jour de l'an.
Moi je détestes Noël, c'est une fête commerciale. Et toi tu aime ?

....

....

3. **Mets les phrases au pluriel.**

→ *Elle adore Paris. / Elles adorent Paris.*

a. Il aime le mois d'août. → Ils ....

b. Il déteste le mois de novembre. → Ils ....

c. J'adore le week-end. → Éva et moi, nous ....

d. Elle aime le mois de mai. → Elles ....

4. **Lis les définitions. Trouve les mots du vocabulaire des cadeaux et complète la grille.**

Trouve le bon cadeau !

a. C'est un bijou.

b. C'est pour jouer sur la télévision.

c. C'est pour téléphoner et aller sur Internet.

d. C'est un jouet avec une caméra. Il vole dans le ciel.

e. C'est un livre avec des dessins.

5. **Observe les smileys et complète avec les verbes suivants : « aimer », « adorer », « détester ».**

a. Anatole .... les jeux vidéo.

c. Vous .... surfer sur Internet.

b. Sam et Sophia .... les gâteaux.

d. Tu .... les fêtes.

1. Remplace « je veux » par « je voudrais » et ajoute des expressions de politesse. Puis lis les phrases à voix haute. Attention aux intonations !

→ *Papa, je veux un smartphone. / Papa, s'il te plaît, j'aimerais un smartphone.*

a. Papa, je veux beaucoup de cadeaux à Noël. → ....

b. Madame, je veux un bijou en or. → ....

c. Monsieur, je veux un jus d'orange. → ....

d. Maman, je veux aller au cinéma. → ....

e. Papa, je veux aller à Disneyland Paris. → ....

2. Complète les phrases avec le verbe « vouloir ».

a. Chloé et moi nous .... danser samedi.

b. Maman .... écouter de la musique et papa .... regarder un film.

c. Et vous ? Qui vous .... inviter à la fête ?

d. Je .... jouer avec vous aux jeux vidéo.

e. – Chloé, tu .... fêter Noël à la montagne ?

   – Super, moi aussi !

3. Associe les terminaisons du verbe « vouloir » aux pronoms personnels.

je
tu
il
nous
vous
ils

ons
lez
ent
t
x
x

((● 4. Écoute et écris ce qu'ils veulent.

a. Maxime ....

b. Élise ....

c. Sacha ....

d. Jade et Flore ....

e. Jean .... / Mathieu ....

5. Qu'est-ce que tu veux pour Noël, ton anniversaire... ? Réponds. N'oublie pas les formules de politesse !

....
....
....
....
....

1. **Pose des questions à ton voisin pour connaître le prix.**

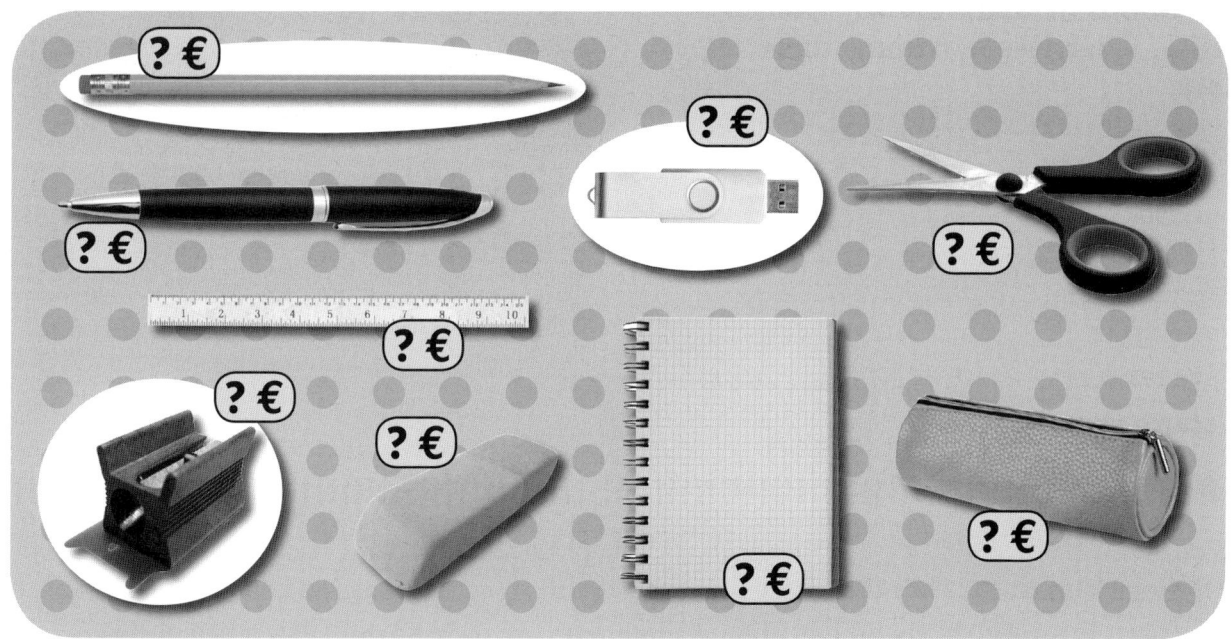

((32)) **2.** **Écoute et réponds.**

a. Hugo est dans quel magasin ?

....

b. Combien coûte le jeu FIFA ?

....

c. Hugo achète quels jeux ?

....

d. Combien paye Hugo pour les deux jeux ?

....

3. **Complète avec le verbe « acheter ».**

a. J'......................... le mp4 ou tu .... toi le MP4 pour Camille ?

b. Nous .... le mp4 ensemble si tu veux.

c. Et maman, elle .... quoi ? Et papa ?

d. Papa, maman ! Vous .... quoi pour Camille ?

e. Ils .... une console de jeux vidéo.

4. **Associe les noms des magasins et leurs images.**

Boucherie

Boulangerie

Supermarché

Librairie

Pharmacie

1. **Observe l'image et fais des phrases avec les prépositions de lieu « sur », « sous », « devant », « derrière », comme dans l'exemple.**

→ gâteaux/table : *Les gâteaux sont sur la table.*

a. chapeaux/têtes ....
b. enfants/table ....
c. cadeaux/table ....
d. gâteau/fille brune ....
e. ballons/enfants ....

(((33))) **2.** **Écoute et complète.**

> **C'est la fête !**
>
> Il y a un gâteau .... la table et des cadeaux sont .... le sapin. Les guirlandes sont .... le sapin. Mais où est Élisa ? Élisa est .... le sapin ! Il y a aussi des bougies : .... la table, ... la table, ... le sapin et .... le sapin.

3. **Observe et écris ce qui est devant, derrière, sur et sous le cadeau d'Hugo.**

....
....
....
....
....
....
....
....
....
....
....

(((34))) **4.** **Écoute, tu entends le son [e] ou [ɛ] ou [ə] ? Coche la bonne case.**

	a.	b.	c.	d.	e.	f.
[e]						
[ɛ]						
[ə]						

Lecture

1. **Lis le forum et réponds.**

C'est la fête

🔍 Rechercher un animal, des adresses...

www.fete.com

Bienvenue sur notre forum « C'est la fête » ! Tu aimes la fête ?
Raconte pourquoi. Quelle fête tu préfères ?

LÉO-LOL Posté le 15 fév. 18:02	J'adore les anniversaires. Pour mon anniversaire, j'organise une fête. J'invite mes copains et mes copines. Nous sommes environ 15 ! On mange des gâteaux, on danse. C'est sympa ! Et … j'adore les cadeaux !!! ☺
MAGALI_99 Posté le 15 fév. 19:35	Moi, je préfère Noël. Il y a des décorations dans la ville, c'est magnifique ! J'achète des cadeaux au marché de Noël.
LOULOU Posté le 15 fév. 19:47	C'est cool Noël, j'aime les cadeaux ! Et j'aime être avec ma famille. J'aimerais avoir beaucoup de cadeaux cette année. Et la bûche de Noël … hummm, j'adore le chocolat !
CHIC-CHOC Posté le 15 fév. 19:57	Noël dans ma ville c'est bof … J'aime bien Pâques. On a un grand jardin. On cache les œufs en chocolat dans le jardin. Ensuite on cherche les œufs et on mange les oeufs ! C'est cool.
BEBOP Posté le 15 fév. 20:15	Moi, j'adore toutes les fêtes : Noël, Pâques, les anniversaires, la fête de ma ville. J'aime m'amuser !

a. Magali achète les cadeaux :
   ☐ **1.** au supermarché.
   ☐ **2.** à la librairie.
   ☐ **3.** au marché de Noël.
b. Léo-Lol invite combien de personnes à son anniversaire ? ....
c. Avec qui Loulou passe Noël ? ....
d. Qui aime le chocolat ? ....
e. Qui adore toutes les fêtes ? ....

2. **À ton tour, écris sur le forum.**

....
....

Apprendre à apprendre

Mémoriser du lexique

1. Lis les phrases et choisis la bonne réponse.

	oui	non
a. Pour mémoriser un mot, j'ai besoin de le lire.	☐	☐
b. Pour mémoriser un mot, j'ai besoin de l'entendre ou le dire.	☐	☐
c. Pour mémoriser un mot, j'ai besoin de l'écrire.	☐	☐
d. J'aime bien dessiner les nouveaux mots pour les retenir.	☐	☐
e. Cela m'aide d'associer un mot à un geste pour le retenir.	☐	☐
f. Pour mémoriser un mot, j'ai besoin de connaître le contexte.	☐	☐
g. J'oublie très vite les mots que j'apprends.	☐	☐
h. J'ai peur de mal prononcer les mots que j'apprends.	☐	☐

2. J'entraîne ma mémoire visuelle.

a. Dessine dans ton cahier les mots « étoile » et « bracelet » pour mieux les mémoriser.

b. Observe ces mots 15 secondes. Ferme le livre et écris les mots sur une feuille.

un ballon vert – une guirlande rouge – un cadeau vert – un gâteau marron – une bougie jaune

c. Complète la carte mentale avec les mots proposés.

jeu vidéo – livre – manga – bijou – bracelet – drone – skateboard – smartphone

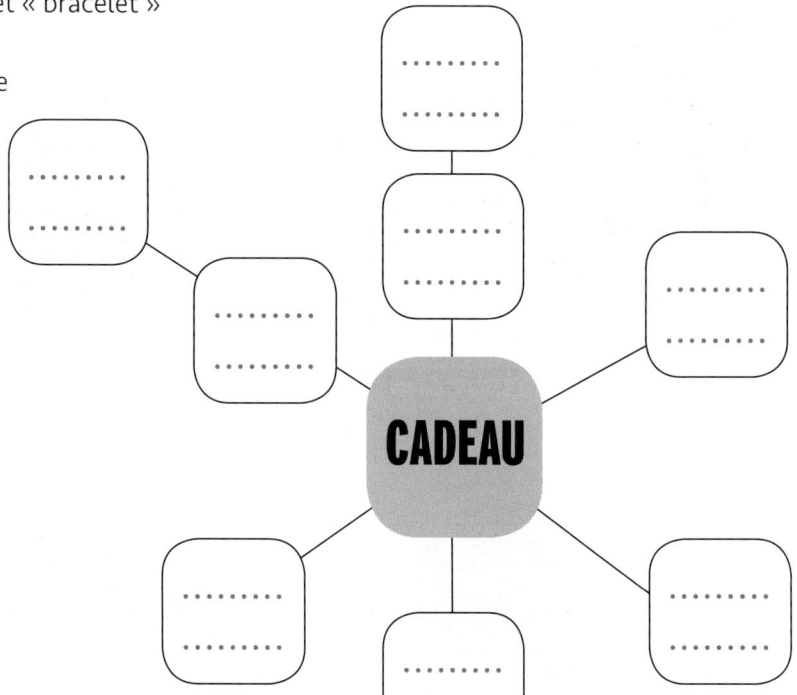

3. J'entraîne ma mémoire auditive.

a. Répète et ajoute, à chaque fois, une couleur comme dans l'exemple.

→ – *rouge*
– *rouge jaune*
– *rouge jaune vert*

b. 🔊 **35** Écoute cette phrase et répète de plus en plus vite puis de plus en plus lentement.
Joyeux Noël et meilleurs vœux pour cette nouvelle année !

c. Chante la phrase en opéra, en rock, en rap...

4. J'entraîne ma mémoire gestuelle.

Invente un geste pour mémoriser ces mots.
→ *écouter*

C'est moi ! – Salut – Au revoir – Super – bof – Habiter – Parler

Grammaire

1. **Observe les images et pose des questions avec « qui », « combien » et « quand ».** (3 points)

....

....

2. **Trouve le bon pronom personnel et conjugue le verbe « vouloir ».** (3 points)

Hugo et moi ....

Valentin et Jules ....

Enzo et toi ....

Sarah et Laura ....   } chanter et danser.

Lisa et moi ....

Anaïs et toi ....

3. **Ajoute des accents quand c'est nécessaire.** (2 points)

J'achete

Tu achetes

Il / Elle / On achete

Nous achetons

Vous achetez

Ils / Elles achetent

Vocabulaire

4. **Complète avec le nom du magasin.** (2 points)

a. Hector achète un gâteau à la ....

b. On trouve des livres dans la ....

c. Il y a des clés USB au ....

d. Le pain ? C'est à la ....

5. **Observe les emballages. Lis les étiquettes. Trouve les cadeaux. Écris le nom des 4 cadeaux.** (2 points)

....

....

Communication

6. **Écris une lettre à un ami. Parle des fêtes que tu aimes dans ton pays.** (5 points)

....

....

....

....

Phonétique

((**36** **7.** **Écoute et écris les mots au bon endroit.** (3 points)

[e] : .... [ɛ] : .... [ə] : ....

Unité 5

Drôle de famille

1. Lis les définitions. Écris les réponses.

a. C'est le frère de ma mère, c'est mon ....

b. C'est la fille de mon oncle et de ma tante, c'est ma ....

c. C'est la mère de mon père, c'est ma ....

d. C'est le fils de mon père et de ma mère, c'est mon ....

e. C'est la sœur de mon père, c'est ma ....

f. C'est le fils de mon oncle, c'est mon ....

g. C'est la fille de mon père et de ma mère, c'est ma ....

h. C'est le père de ma mère, c'est mon ....

i. C'est la femme de mon père, c'est ma ....

2. Lis et entoure les bonnes réponses.

> Samedi, je suis au club de foot avec *ma / mon / mes* cousin Frank.
> *Ma / Mon / Mes* footballeurs préférés sont Messi et Pogba. Et toi, qui sont *ta / ton / tes* joueurs préférés ?

> Dimanche, je suis avec *mon / ma / mes* copine Léa. C'est *son / sa / ses* anniversaire. C'est super, *son / sa / ses* frères organisent la fête. *Son / Sa / Ses* couleur préférée est le violet. Et toi, quelle est *ton / ta / tes* couleur préférée ?

🔊 3. Écoute et choisis la bonne réponse.

a. Vanessa habite avec :
☐ son père.
☐ sa mère.
☐ ses cousins.

b. La mère de Vanessa est chanteuse d'opéra à :
☐ Montpellier.
☐ Marseille.
☐ Paris.

c. Quelle est l'activité de Léo ? Et de Nicolas ? Écris le bon prénom sous chaque photo.

d. Noah habite :
☐ avec ses frères.
☐ avec sa mère.
☐ seul.

....

1. Observe les images et écris les mots.

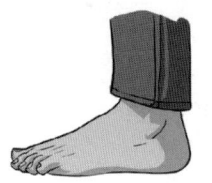 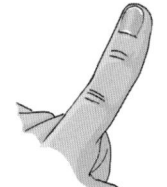 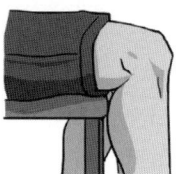 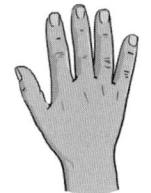 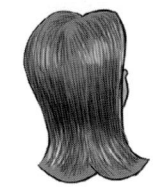

a. Le .... **b.** L' .... **c.** Le .... **d.** Le .... **e.** La .... **f.** Les ....

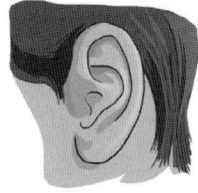     

g. L' .... **h.** La .... **i.** Le .... **j.** La .... **k.** Le .... **l.** La ....

2. Observe les images et entoure la bonne réponse.

a. petite et blonde
petit et blond

b. grand et laide
grand et laid

c. mince et élégante
mince et élégant

d. rond et fort
ronde et forte

3. Mets les phrases au féminin.

→ *Il est rond. / Elle est ronde*

a. Mon père est grand et fort.

....

b. Il est petit et laid. C'est un monstre !

....

c. Il est blond et mince. C'est mon frère !

....

d. Il est petit ou il est grand ?

....

4. Mets les mots dans l'ordre et écris les phrases comme dans l'exemple.

→ *cousin / petit /Nicolas /est /et /blond. / Mon – Mon cousin Nicolas est blond et petit.*

a. est / sœur / Sa / mince / brune. / et / Sandra ....

b. Léonard / Ton / est / cousin / fort / grand. / et ....

c. élégante. / cousine / et / Aurélie / est / mince / Ma ....

d. et / Son / Farid / ami / brun / est / rond. ....

5. Et, toi comment tu es ? Fais ta description.

....
....

1. Observe le dessin et réponds.

a. C'est l'anniversaire de Fatou ?

....

b. La mère de Fatou est grande et forte ?

....

c. L'oncle de Fatou est sénégalais ?

....

d. Le cousin de Fatou adore le football ?

....

e. La famille de Fatou habite au Sénégal ?

....

f. Fatou a un cadeau ?

....

g. La sœur de Fatou n'aime pas le gâteau ?

....

((●38 2. Écoute, observe et entoure l'erreur.

3. Réponds à la forme négative comme dans l'exemple.

→ *C'est intéressant ? Non, ce n'est pas intéressant.*

a. Tu aimes le coca-cola ?

....

b. Il regarde la télévision ?

....

c. Vous habitez en Espagne ?

....

d. Ils sont minces ?

....

e. Tu es prudente ?

....

((●39 4. Écoute et associe chaque nom avec le verbe qui correspond.

– la musique classique – le r'n'b – la guitare

– le roller – le skateboard – le football

– l'Olympique lyonnais – l'Olympique de Marseille – le Paris-Saint-Germain

aimer

préférer

ne pas aimer

5. Écris un courriel à ton/ta ami(e) pour lui parler de tes goûts.

....

....

....

....

1. Complète le tableau.

Masculin	Féminin
triste	....
amusant	....
....	prudente
détendu	....
....	agréable
compliqué	....
calme	....

2. Associe les adjectifs et les contraires.

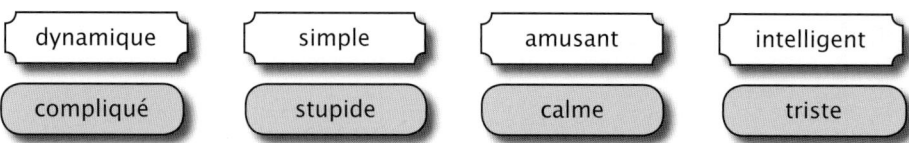

| dynamique | simple | amusant | intelligent |
| compliqué | stupide | calme | triste |

3. Lis le texte et réponds.

Les signes du zodiaque

Bélier, vous êtes compliqués.

Taureau, vous êtes intelligents mais timides.

Les gémeaux sont élégants et amusants.

Cancer, vous êtes prudents et dynamiques.

Les lions, vous êtes intéressants et patients.

Les vierges sont agréables et sympathiques.

Les balances sont simples et timides.

Les scorpions, vous êtes compliqués et drôles.

Les sagittaires sont compliqués et calmes.

Capricorne, vous êtes détendus !

Les verseaux ne sont pas simples, ils sont compliqués.

Les poissons sont agréables et décontractés.

a. Qui est agréable ? ....

b. Qui est timide ? ....

c. Qui est amusant ? ....

d. Qui est compliqué ? ....

e. Comment sont les balances ? ....

f. Et toi, comment es-tu ? ....

4. Complète avec le verbe « être ».

a. – Vous n'........................... pas patientes !

– Non, nous .... dynamiques !

b. Ils .... sympathiques ces chiens.

c. Lisa et sa sœur .... timides.

5. Choisis un personnage de Tintin et décris son caractère.

Tintin
....
....

Le capitaine Haddock
....
....

Le professeur Tournesol
....
....

Dupont et Dupond
....
....

1. **Cherche les 7 animaux et compte. Écris des phrases comme dans l'exemple.**

→ *Il y a 5 chiens.* ....

....

2. **Mets les mots en gras au pluriel. Écris les phrases.**

a. Ma tante a **un chien** et **un chat**. ....

b. Je voudrais bien **un chien**. ....

c. Léa veut avoir **un animal**. ....

d. Attention, il y a **une souris** ! ....

3. **Lis la description de la girafe. Sur le même modèle, présente les animaux ci-dessous.**

La girafe

La girafe habite
en Afrique.

Elle est marron.

Elle est grande.

Elle a un long cou.

Elle est élégante
et sympathique.

un poisson

un cheval

un perroquet

un chat

une vache

une tortue

🔊 4. **Écoute : tu entends le son [ã], [ɔ̃] ou [ɛ̃] ? Coche la bonne case.**

	a.	b.	c.	d.	e.	f.	g.	h.	i.	j.
[ã]										
[ɔ̃]										
[ɛ̃]										

Bonjour,

Je m'appelle Fatima et j'habite au Sénégal, à Dakar. Je suis grande. J'ai les cheveux longs et bruns. Ma mère est française et mon père est sénégalais. Moi, je suis les deux : française et sénégalaise. J'aime mes deux pays.

J'ai un frère Alphonse. Il a 14 ans. Bien sûr, il aime le foot ! Moi, j'aime la musique et la mer ! Nous avons des animaux, une tortue, Ninja, et un petit singe. Il s'appelle Zébulon.

Mon grand-père Ousmane et ma grand-mère Lucile sont les parents de mon père. Ils habitent aussi à Dakar. J'ai aussi 8 cousins et 9 cousines en France et au Sénégal. Nous sommes une grande famille. C'est génial !

1. **Lis le témoignage de Fatima et réponds.**

a. Fatima est :
☐ française.
☐ française et sénégalaise.
☐ sénégalaise.

b. Fatima a :
☐ un frère.
☐ une sœur.
☐ un frère et une sœur.

c. Ousmane et Lucile sont :
☐ les grands-parents de Fatima.
☐ les parents de Fatima.
☐ le frère et la sœur de Fatima.

d. Fatima a :
☐ une grande famille
☐ une petite famille
☐ pas de famille

e. Dans quel pays habite la famille de Fatima ?

....

2. **Écris un témoignage sur ta famille sur le modèle du témoignage de Fatima.**

....
....
....

Apprendre à apprendre

Définir le caractère d´une personne

1. **Lis les phrases et choisis la bonne réponse.**

	oui	non
a. Je sais décrire le physique d´une personne.	☐	☐
b. Je sais présenter un(e) ami(e).	☐	☐
c. Je sais décrire le caractère d'une personne.	☐	☐
d. Je repère qui parle.	☐	☐
e. Je repère le ton utilisé.	☐	☐

2. **Écoute, observe les images et associe les textes et les photos.**

 a

 b

 c

Je suis sympathique.

Je suis triste.

Je suis drôle !

((41 3. **Écoute et définis le caractère selon le ton utilisé.**

Ton stupide	Ton timide	Ton cool	Ton dynamique
Phrase	Phrase	Phrase	Phrase ....

4. **Observe les images et trouve le caractère.**

a. ....

b. ....

c. ....

d. ....

Grammaire

1. Complète. (3,5 points)

masculin	féminin
brun	....
....	petite
intéressant	....

singulier	pluriel
....	des souris
un cheveu	....
un ami	....
....	des animaux

2. Entoure la bonne réponse. (2 points)

a. Ma *petit / petite* sœur adore la musique.

b. C'est un examen *compliqué / compliquée*.

c. Elle est *amusant / amusante*.

d. Mon chien est *grand / grande*.

3. Complète avec « mon », « ta », « ton » et « ses ». (2 points)

a. Comment s'appelle .... chat ?

b. .... tortue est grosse.

c. .... poissons rouges sont petits.

d. .... chien s'appelle Frisko.

4. Réponds à la forme affirmative (+) ou négative (-) comme dans l'exemple. (2 points)

→ *Tu préfères les chats ? (+) / Oui, je préfère les chats.*

a. Tu as deux frères et une sœur ? (-)

....

b. Ton ami est grand ? (+)

....

c. Tu habites en France ? (-)

....

d. Vous préférez la musique classique ? (+)

....

5. Complète avec les verbes « être » ou « préférer ». (2,5 points)

a. Léa et Noah .... jouer au tennis.

b. Nous .... grands et forts.

d. Vous .... français ?

c. Nous .... le cinéma.

e. Tu .... le sport ou la musique ?

Vocabulaire

((•42 **6. Observe les images et écoute. Montre la bonne image.** (2 points)

Communication

7. Décris la famille Marchal. (3,5 points)

....

....

....

Phonétique

((•43 **8. Écoute et complète avec les sons [ã] (« an » / « en »), [ɔ̃] (« on ») ou [ɛ̃] (« in » / « ym »).** (2,5 points)

a. M......... cous......... a un singe.

b. Le poiss......... de m......... ami est or.........ge.

c. Ma gr.........d-mère est amus.........te !

d. Anatole est garç...... s......pathique. Il est bl......d.

e. Ma mère est très ....tellig.........te.

Unité 6

C'est bon !

((44)) 1. Écoute et entoure les aliments de la liste de courses.

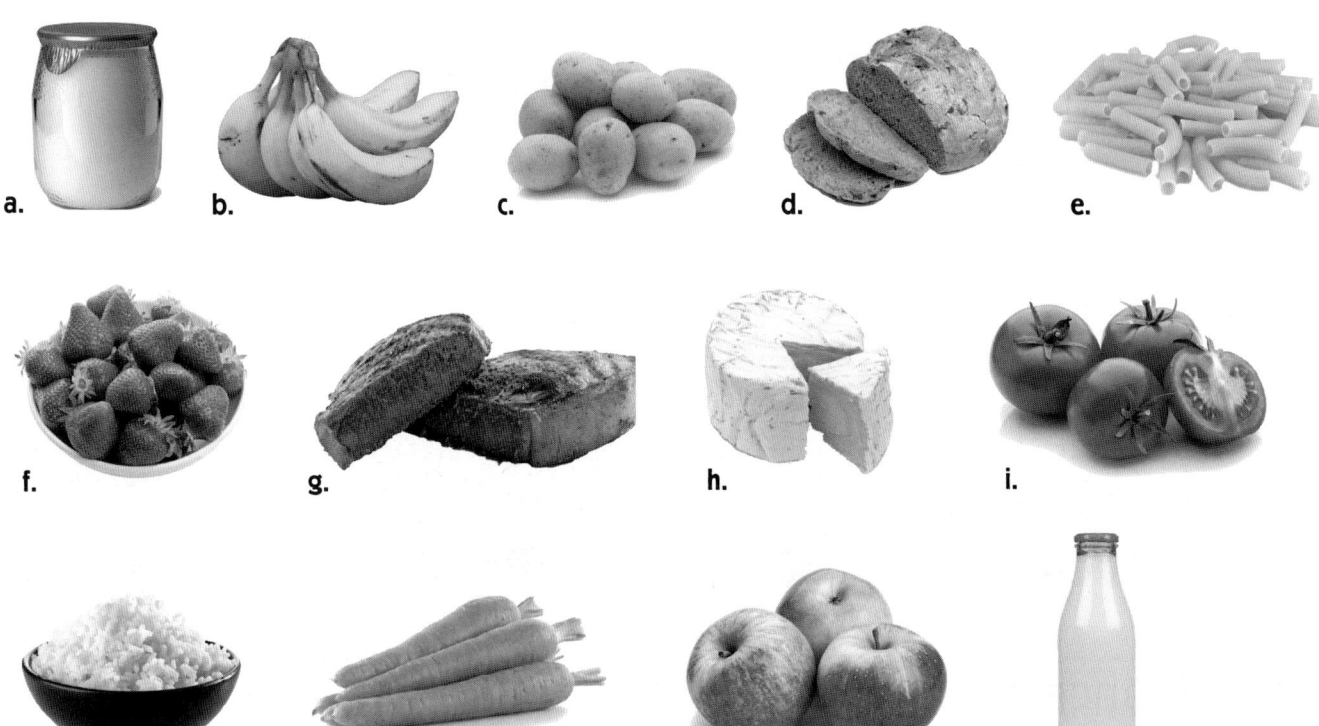

a.   b.   c.   d.   e.

f.   g.   h.   i.

j.   k.   l.   m.

2. Regarde les images de l'exercice 1. Écris dans ton cahier le nom des aliments.

→ **a.** *un yaourt*............   **d.** ....   **g.** ....   **j.** ....   **m.** ....
   b. ....   **e.** ....   **h.** ....   **k.** ....
   c. ....   **f.** ....   **i.** ....   **l.** ....

3. Complète tes aliments préférés. Puis interroge tes amis et écris leurs aliments préférés.

Mes aliments préférés	
Moi	*le poulet, les frites...*
....	....
....	....

((45)) 4. Observe les illustrations, écoute et entoure les erreurs.

1. Retrouve le nom des aliments du pique-nique. Écris en bleu les noms masculins et en rouge les noms féminins.

....

....

....

....

....

....

....

2. Lis la liste des courses. Place chaque aliment dans le bon panier.

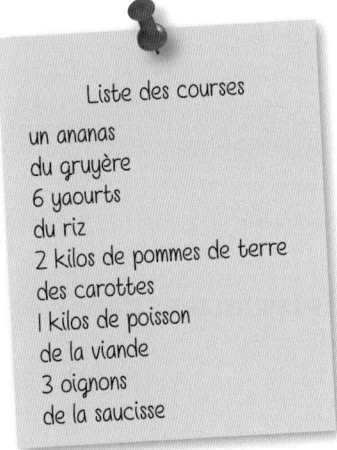

Liste des courses

un ananas
du gruyère
6 yaourts
du riz
2 kilos de pommes de terre
des carottes
1 kilos de poisson
de la viande
3 oignons
de la saucisse

du gruyère

quantité non précisée

2 kilos de pommes de terre

quantité précisée

3. Associe les étiquettes et retrouve les 6 ustensiles. Écris les noms.

chette   cuil   re   teau   lère   viette   ver   four   cou   assi   ser   ette

....

46 4. Écoute, tu entends le son [u] ou [y] ? Coche la bonne case.

	a.	b.	c.	d.	e.	f.	g.
[u]							
[y]							

((47)) 1. Écoute. Coche les cases. Quelle est la grille gagnante ?

63	72	81	93
67	75	84	97
69	77	86	99

a.

61	72	83	92
67	76	85	97
68	77	86	99

b.

62	71	83	92
67	75	84	94
69	78	89	95

c.

((48)) 2. Écoute et complète la liste des ingrédients.

Recette du panini rustique

Ingrédients (pour ....) :

- .... (mozzarella)
- de la ....
- 4 tranches de ....
- 1 ....
- du sel et du ....
- du ....

3. Complète la recette avec les verbes proposés à l'impératif.

poser (2 x) – laver – couper (2 x) – fermer – placer – ajouter

.... la salade.

.... le pain en deux.

.... la tomate.

.... la salade et la tomate sur le pain.

.... le fromage sur la salade.

Puis .... le jambon sur le fromage.

.... le pain.

.... dans le four micro-ondes 3 minutes.

4. Observe les images des étapes de la recette du panini rustique. Mets les images dans l'ordre.

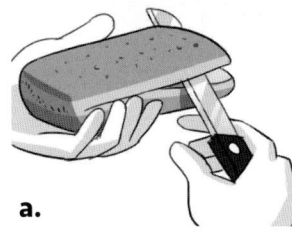

a.

b.

c.

d.

e.

f.

g.

Étape 1 : image ....

Étape 2 : image ....

Étape 3 : image ....

Étape 4 : image ....

Étape 5 : image ....

Étape 6 : image ....

Étape 7 : image ....

1. Complète les phrases avec « beaucoup » , « trop », « très », « peu ».

a. Elle est .... grande cette assiette !

b. Miam, il y a .... de fraises sur ce gâteau.

c. Non, Alexandre, tu ajoutes .... de sucre dans ton yaourt !

d. Zoé n'a pas faim : elle mange ....

2. Complète les phrases avec le verbe « manger ».

a. Jade et ses parents .... du poulet et des pommes de terre.

b. Vous .... quoi au petit déjeuner ?

c. Tu .... trop de gâteaux !

d. Je .... cinq fruits et légumes par jour.

e. Nous .... du pain et du chocolat pour goûter.

f. Le matin, Arthur .... des céréales.

3. Lis le texte et complète la pyramide avec les aliments de l'encadré.

La pyramide alimentaire illustre une alimentation équilibrée et variée.

En bas de la pyramide, il y a les boissons : eau, thé, mais pas les jus de fruits.

Au 1er étage, il y a les pâtes, les céréales, le pain.

Au 2e étage, il y a les fruits et les légumes. Il est important de manger beaucoup de fruits et de légumes tous les jours.

Au 3e étage, il y a le fromage, les yaourts, le lait et il y aussi la viande, les œufs et le poisson.

Au 4e étage, il y a les bonbons, les gâteaux, le sucre et le beurre.

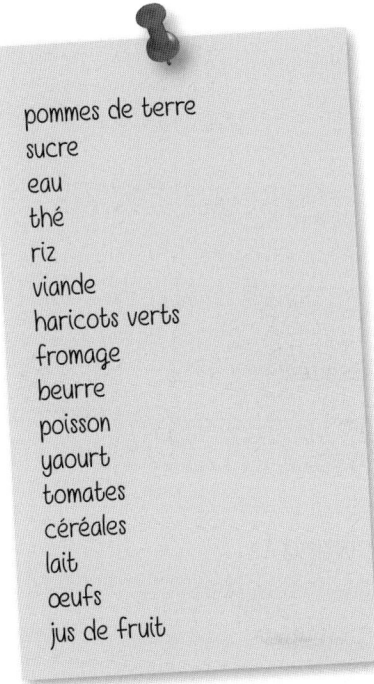

pommes de terre
sucre
eau
thé
riz
viande
haricots verts
fromage
beurre
poisson
yaourt
tomates
céréales
lait
œufs
jus de fruit

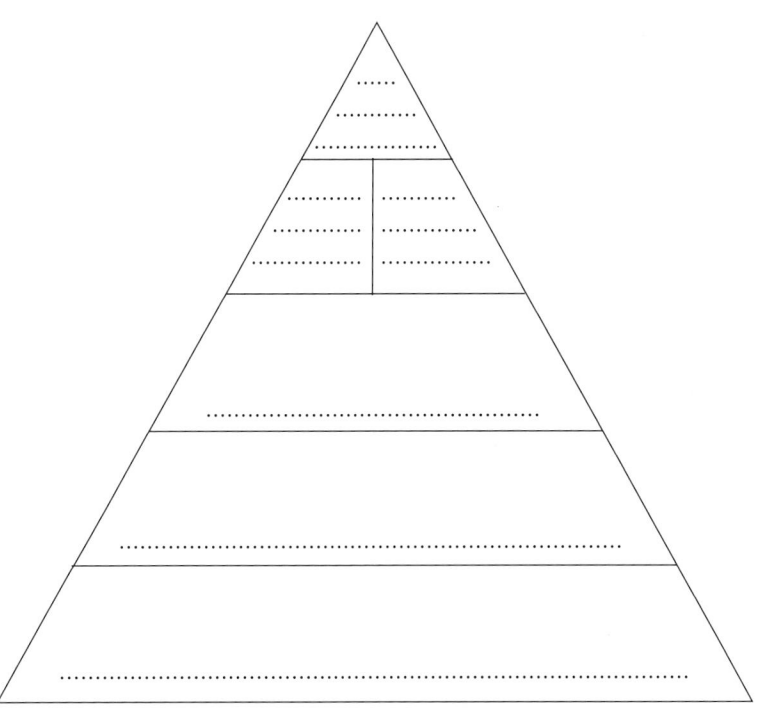

4. Propose un repas équilibré pour le déjeuner. Écris le menu.

....

....

....

1. Observe les images et complète avec « il y a » ou « il n´y a pas ».

a. .... beaucoup de sucre dans le lait.

b. .... cinq croissants sur la table.

c. .... de riz aujourd´hui.

d. .... un ananas et des fraises.

e. .... trop de chocolat sur le gâteau.

2. Observe les images et complète dans quels lieux ils mangent.

a. Ils aiment ....
.... !

b. Félix et Clara mangent
....

c. La famille déjeune ......
....

d. Les élèves mangent ...
....

3. Lis le message et réponds.

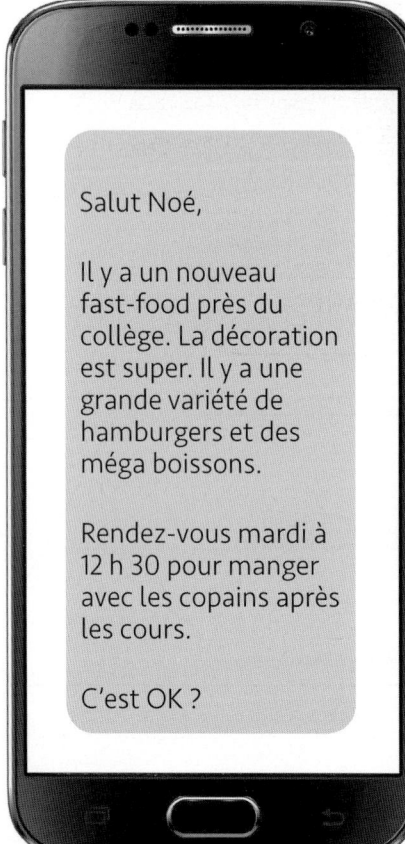

Salut Noé,

Il y a un nouveau fast-food près du collège. La décoration est super. Il y a une grande variété de hamburgers et des méga boissons.

Rendez-vous mardi à 12 h 30 pour manger avec les copains après les cours.

C'est OK ?

a. À qui s'adresse le message ?
....

b. Qu'est-ce qui est nouveau ?
....

c. Comment est la décoration ?
....

d. Qu'est-ce qu'il y a à manger ?
....

e. Quand est le rendez-vous ?
....

Je m'informe et j'achète

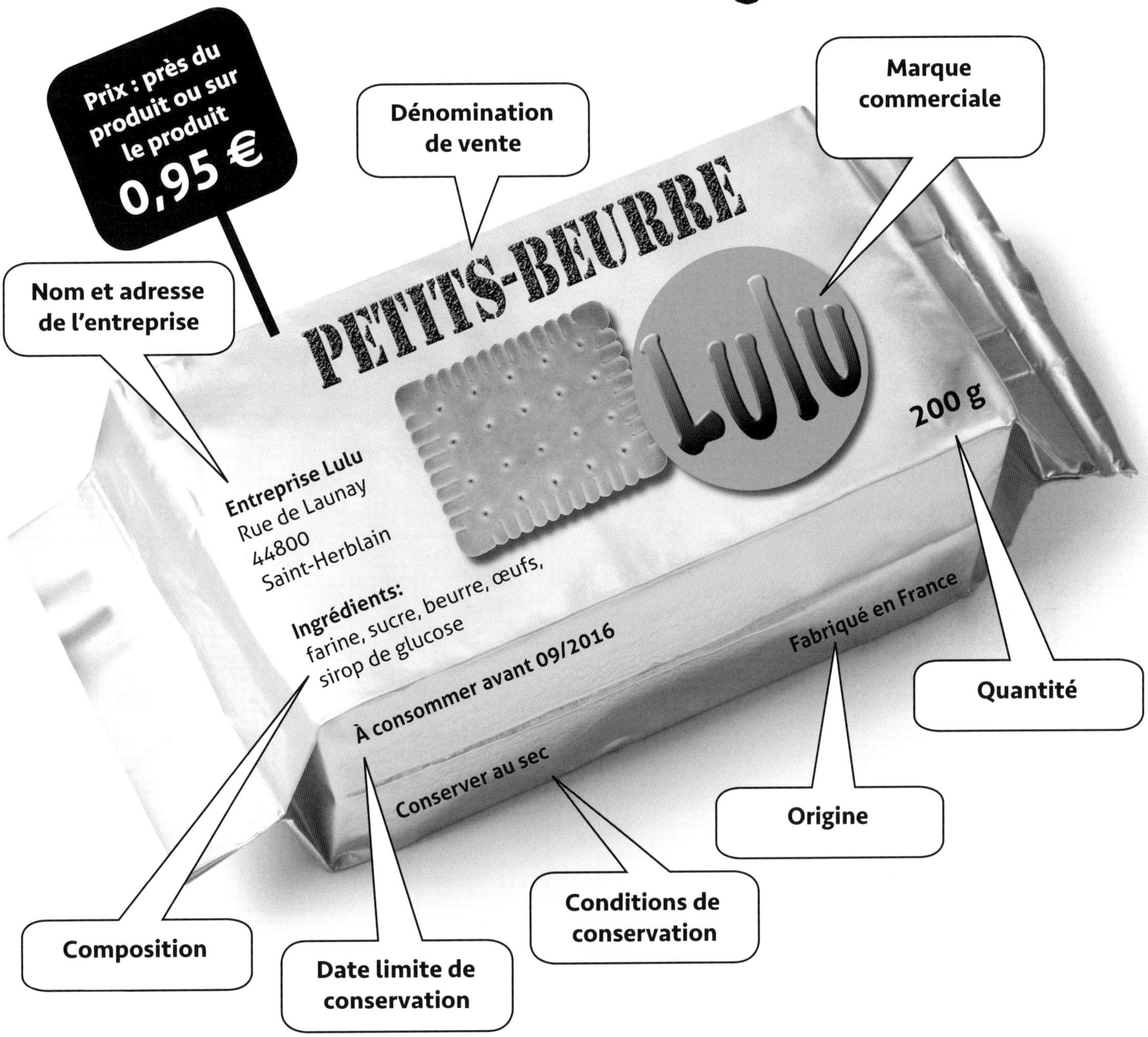

Prix : près du produit ou sur le produit
0,95 €

Dénomination de vente

Marque commerciale

Nom et adresse de l'entreprise

PETITS-BEURRE

Lulu

200 g

Entreprise Lulu
Rue de Launay
44800
Saint-Herblain

Ingrédients:
farine, sucre, beurre, œufs,
sirop de glucose

À consommer avant 09/2016

Conserver au sec

Fabriqué en France

Quantité

Origine

Conditions de conservation

Composition

Date limite de conservation

Observe l'étiquette et réponds.

a. Quelle est la dénomination du produit ? ....

b. Quelle est la quantité ? ....

c. Quelle est la marque du produit ? ....

d. Quelle est la date limite de consommation du produit ? ....

e. Cite deux ingrédients du produit. ....

Savoir lire un document visuel (affiche, menu...)

1. Lis les phrases et choisis la bonne réponse.

	oui	non
a. Je sais décrire une image.	☐	☐
b. Je sais définir le type de documents.	☐	☐
c. Je comprends les informations écrites.	☐	☐
d. Je sais trouver l'information.	☐	☐

2. Observe les quatre documents. Associe chaque document à son type.

LE JUS D'ORANGE ?

C'est chez Netprix, bien sûr !

Manger 5 fruits et légumes par jour !
C'est important.

L'hygiène en cuisine

Produit Naturel   AOC Appellation d'origine contrôlée   PRODUIT DE NOS RÉGIONS

ATTENTION,
certaines mentions sont obligatoires sur les étiquettes.

Sur toutes les étiquettes, il y a les ingrédients, la date limite de consommation, le poids, l'origine du produit, les conditions de conservation.

MENU

Potage

Rôti de dinde et épinards

Fromage

Mousse au chocolat

un menu

une publicité

un conseil

une information

3. Regarde l'affiche et réponds.

Atelier cuisine

4 et 5 février de 14 h à 17 h.

Thèmes : conserve de légumes
Lieu : Association « Cuisine en fête »

Inscription obligatoire avant le mercredi 1er février.

Association Cuisine en fête
3, rue Séguier 46100 Figeac

Inscriptions par mail
atelier@cuisine.info
ou tél. 05 52 26 68 89

a. Regarde l'image et trouve le thème de l'affiche.
....
b. Qui organise l'atelier cuisine ? ....
c. Quelle est la date limite pour t'inscrire à l'atelier ?
....
d. Où s'organise l'activité cuisine ? ....
e. Comment je peux m'inscrire à l'atelier ? ....

Grammaire

1. Complète avec « du », « de la », « des ».
(2,5 points)

a. .... fromage   **d.** .... sauce
b. .... pizza   **e.** .... bacon
c. .... tomates

2. Lis et entoure les phrases à l'impératif.
(2,5 points)

a. Versez l'eau dans le bol.
b. Tu manges des tomates.
c. Étalez la pâte.
d. Ajoute le lait.
e. Vous coupez les tomates.

**3. Complète les phrases avec le verbe
« manger » et indique le lieu (cantine,
maison, restaurant, fast-food).** (4 points)

Du lundi au vendredi, avec mes amis, nous ....
.... à la .... du collège.
Tous les jours mon père .... au
.... de l'hôpital. Le mercredi, ma mère
et son amie .... au restaurant.
Le soir, nous .... en famille à la ......
.... Et vous, vous .... où ?

Vocabulaire

4. Écris les noms des aliments. (2 points)

a. .... **b.** .... **c.** .... **d.** ....

e. .... **f.** .... **g.** .... **h.** ....

5. Calcule et écris le résultat en lettres.
(2 points)

a. 60 + 12 = ... **c.** 25 x 3 = ...
b. 80 + 15 = ... **d.** 15 x 6 = ...

6. Écris les noms. (1 point)

 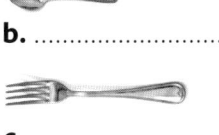 

b. ....
c. ....
a. ....   **d.** ....

7. Lis et réponds. (3,5 points)

Collège Marie Curie

Mercredi, le cuisinier du collège Marie Curie de Marseille propose un menu original. En entrée, il prépare une salade avec des pommes, en plat principal du poulet avec des oranges accompagné par du riz. Et pour le dessert, il y a du pain perdu aux fraises. Venez découvrir les mélanges sucré-salé !

De plus, les professeurs organisent un concours de cuisine avec un jury composé du directeur, du cuisinier du collège, de quatre professeurs et de deux élèves. Demande ta fiche d'inscription auprès du secrétariat avant mardi et rendez-vous mercredi à 9 h au laboratoire !

a. Ce document est :
☐ un article d'un magazine.
☐ une lettre.   ☐ une note d'information.
b. Pourquoi le menu est original ?
....
c. Cite les fruits du menu.
....
d. Qui organise le concours de cuisine ?
....
e. Quel jour a lieu le concours de cuisine ?
....
f. Dans quel lieu se déroule le concours ?
....
g. Le « pain perdu » qu'est-ce que c'est ?
Fais une recherche sur Internet.

Phonétique

**8. Écoute et complète les mots avec
les sons [y] ou [u].** (2,5 points)

a. La n......rriture **b.** le j......s **c.** la f......rchette
d. le c.........vert   **e.** la confit......re

Mon vocabulaire

Le DVD-ROM

Le DVD-Rom contient les ressources complémentaires (audio et vidéos) de votre méthode.

Vous pouvez l'utiliser :

• Sur votre ordinateur (PC ou Mac)
Pour visionner la vidéo, écouter l'audio, extraire l'audio et le charger sur votre lecteur mp3 ou convertir les fichiers mp3 en fichier audio Windows Media Player (PC) ou AAC (Mac) et les graver sur un CD audio à usage strictement personnel.

• Sur votre lecteur DVD compatible DVD-Rom
Pour visionner la vidéo et écouter l'audio.

Mode d'emploi et contenu du DVD-Rom

Pour afficher le contenu du DVD-Rom, il est nécessaire d'explorer le DVD à partir de l'icône du DVD. Après insertion du DVD-Rom dans votre ordinateur, celle-ci s'affiche dans le poste de travail (PC) ou sur le bureau (Mac).
– Sur PC : effectuez un clic droit sur l'icône du DVD et sélectionnez « Explorer » dans le menu contextuel.
– Sur Mac : cliquez sur l'icône du DVD.
Dans le cas où la lecture des fichiers vidéo ou audio démarre automatiquement sur votre machine, fermez la fenêtre de lecture puis procédez à l'opération décrite ci-dessus.

Le contenu du DVD-Rom est organisé de la manière suivante :

• un dossier LIVRE_ELEVE et un dossier CAHIER_ACTIVITES
Double-cliquez sur le dossier de votre choix pour accéder aux audio du livre de l'élève ou du cahier d'activités.
Afin de vous permettre d'identifier rapidement l'élément audio qui vous intéresse, les fichiers audio ont été nommés en faisant d'abord référence au numéro de piste indiqué sur le livre ou le cahier, ensuite à la page du manuel et à l'activité auxquelles le contenu audio se rapporte.
Exemple : 06_P9_ACTIVITE1 → Le fichier audio correspond à la piste 6 se rapportant à l'activité 1, page 9.

• un dossier VIDEOS
Double-cliquez sur le dossier VIDEOS. Vous accédez à deux sous-dossiers : VO et VOST.
Double-cliquez sur le dossier correspondant aux contenus vidéo que vous souhaitez consulter (VO pour la version originale sans les sous-titres, VOST pour la version originale avec les sous-titres en français).

Les fichiers audio et vidéo contenus sur le DVD-Rom sont des fichiers compressés. En cas de problème de lecture avec le lecteur média habituel de votre ordinateur, installez VLC Media Player, le célèbre lecteur multimédia open source. Pour rappel, ce logiciel libre peut lire pratiquement tous les formats audio et vidéo sans avoir à télécharger quoi que ce soit d'autre.
→ Recherchez « télécharger VLC » avec votre moteur de recherche habituel, puis installez le programme.

N° de projet : 10289848
Achevé d'imprimer en janvier 2023 par Bona S.p.A. à Turin en Italie